朝日新書
Asahi Shinsho 916

シン・男がつらいよ

右肩下がりの時代の男性受難

奥田祥子

朝日新聞出版

はじめに

男性すべてが支配する側にいるのではない。実は、支配されている男たちが増えている――。

長年、男性の生きづらさをテーマに取材・調査を続けるなかで、そんな観点を持つようになったきっかけが10年ほど前、男性のＤＶ被害者へのインタビューで複数の取材対象者が明かした次のような発言だった。

「妻に稼ぎが足りないと責められ、殴られても、男として情けなくて何もできない」

「男がＤＶ被害に遭うなど男の恥で、公的機関に相談することなどできるはずがない」

――。

これは、明らかな妻からの支配である。本書を貫く主要なキーワードである、古くからある「男らしさ」[※1]のジェンダー（性）規範[※2]が、加害女性による行為の〝正当化〟に悪用され、また被害男性自身も性規範の枷《かせ》を自らはめてしまっていることが読み取れる。

「支配」の構図は、犯罪でもあるDVという特殊なケースだけではない。その後も男性が職場や家庭などさまざまな場面で直面する生きづらさを取材しているうちに、日常においても、被抑圧性に苦しむ男性がいかに多いかということを思い知らされ、激しく心揺さぶられたのが、本書を上梓《じょうし》する動機となった。

無論、長い間、男性優位社会で虐げられてきた女性の公的、私的領域での人権を尊重し、男性と平等に働き、生きる機会を得られるよう、制度、意識両面からの改革が求められるのは言うまでもない。しかしながら、男性の中にも平等の恩恵を享受できていない人たちがいて、特に近年増え続けていることを度外視することもまた、真のジェンダー平等とはほど遠いと筆者は考えるのである。

本書では、支配される側の男性に焦点を当て、対女性、男性間の権力構造、母親の呪縛、親世代の価値観の押しつけなど、さまざまな事例を紹介しながら背景・要因を分析し、解決のためのヒントを提案したい。

筆者の取材手法の特徴としては、20数年にわたり、同じ取材対象者に継続的にインタビューを行ってきた点である。中年層を中心に20歳代から70歳代まで、男性だけでも取材者総数は1500人近くに上り、このうち半数は継続取材の対象者だ。例えば、過去のある時点ではつらさを明かさず、平静を装っていた男性が、取材の歳月を重ねる過程で少しずつ本音を話してくれるケースも少なくない。ある一時を切り取っただけの取材では知り得ない問題の深層に肉薄し、人々の心の機微に触れることができたのではないかと思う。多数のケースの長時間に及ぶ「語り」のデータを分析してテーマごとに分類し、代表的な事例を紹介している。

全5章構成で、第1章「女性に虐げられる男たち」で「女性活躍」を後押しする時流において、男としての目標を仕事でも家庭でも実現できずに思い煩《わずら》う男性の実相に迫り、第2章「男性に蔑まれる男たち」では、旧来の「男らしさ」規範を実現できている「権威」ある男性からの抑圧に追い詰められる男性の実態を探っている。第3章「母親に操られる男たち」は、母親からの束縛であることを自覚していながらも、自分を認めてくれる唯一の存在として要求に応えてしまう息子の葛藤を描き、第4章「『親』の代償を払わされる男たち」では、ジェンダー平等実現の担い手として期待される若年層が、親／上司世代の古い価値観を押しつけられてがんじがらめになっている苦悩を追った。

最終章の第5章「誰も支配されない社会に向けて」では、社会学的知見を交えて支配構造を引き起こす社会的、心理的背景を分析し、男たちが被抑圧性から解放され、多様性と包摂性のある社会を実現するための方策を考える。

「男らしさ」の性規範を実現しなければならないというプレッシャーは無論、今に始まったことではない。ただ、右肩上がりの給与が保証されていた時代には、出世競争や長時間労働によるストレスや私生活の犠牲などの「男らしさ」のコストは、大きな苦痛を伴うものではなかった。しかしながら、この四半世紀にもわたって実質賃金の下落傾向が続いているうえ、近年はハラスメントの訴えに怯《おび》え、過剰な女性優遇のあおりを受けるなど、男性を取り巻く環境はますます深刻化している。男たちは性規範に苛《さいな》まれているにもかかわらず、その呪縛から抜け出すどころか、自らの拠り所を求めるかのようになおいっそう「男らしさ」に引き寄せられているのである。

タイトルの『シン・男がつらいよ——右肩下がりの時代の男性受難』には、そんな男たちの複雑で重層的な心理・思考と社会構造の問題を、従来にない新たな視点で再考したいという意味を込めた。最初の著書である『男はつらいらしい』(2007年、新潮社刊)から早16年、本作品の取材・執筆は、男性の生きづらさを追い続けてきた己の道程を顧みながらの作業でもあった。

本書に登場するのは、どこにでもいる市井《しせい》の人々である。あなたの上司・同僚・部下であり、また夫・息子・父であり、そしてあなた自身であるかもしれない。本書が、男性たちの声なき声に耳を傾け、支配される生きづらさを少しでも和らげる方法を、ともに考えていただく一助になれば幸いである。

《注》

※1　厳密に言うと、何を「男らしい」と見なすかは文化的な影響を受け、恣意《しい》的な面もある。国・地域のほか、世代や社会階層などでも違いがある。本書で述べる「男らしさ」とは、古い男性主導の固定観念に基づく性規範を指すものとする。家父長的「男らしさ」と言い換えることもできる。

※2　性規範は、広義には性別に基づく社会規範を指す。「男らしさ」「女らしさ」の規範のほか、「男性は仕事、女性は家庭」といった性別役割分業に関する規範がある。

※本文中の仮名での事例紹介部分については、プライバシー保護のため、一部の表現に配慮しています。

シン・男がつらいよ　目次

第2章 男性に蔑まれる男たち

第3章　母親に操られる男たち

第4章 「親」の代償を払わされる男たち

第1章　女性に虐げられる男たち

男性が女性を支配する時代の終焉

「支配する」側から一転、今や、「支配される」側にいる男性が増えている。すべての男性が特権を保持して思うがままに行使し、女性を支配する時代は終焉を迎えたのである。

画一的、権威主義的、排他主義的な組織運営で成り立っていた男性優位の「男社会」は、AI、IoT（モノのインターネット）、シェアリングエコノミーなどの第4次産業革命に直面し、多様化や分権化が求められる現代社会では、もはや通用しなくなっている。

世界的に広がるジェンダー平等実現を目指す動きは、女性の社会進出をさらに後押しし、女性活躍推進法[※1]の施行も追い風に、長年、男社会で虐げられてきた女性たちは少しずつではあるが、活躍の機会を得て、能力を発揮し始めている。

ところが男性はどうか。旧態依然とした男性像が「矯正」すべきありようとして社会から吊《つ》るし上げられる一方で、いまだ古くからある固定的な「男らしさ」のジェンダー

（性）規範に固執するがゆえに、職場や家庭での居場所を見失い、新たな男性像を見出《みいだ》せないまま、さまよう男性は多い。こうした男たちは、社会的に成功するなど「男らしさ」を具現化した少数派の男性に、また女性に、そして社会からも抑圧されている側にいるのだ。

男性をめぐる支配構造の変容のなかでも、特に顕著なのが、女性からの支配である。女性活躍推進法に基づく行動計画には女性管理職の数値目標[※2]を設定する、いわゆるクオータ制が採用されているが、こうしたポジティブ・アクション（積極的差別是正措置[※3]）が本来の目的を超えて過剰に進められることで、逆に男性に対する差別を招いているケースも相次いでいる。これは新たな「女性活躍」時代の、女性による男性支配の一例といえるだろう。

家庭においても、出世して社会的評価を得る、妻子の経済的、精神的支柱であるといった旧来の「男らしさ」を実現できないために、管理職に就くなど活躍する妻の意のままに操られたり、専業主婦の妻に思いもよらない攻撃を受けたりと、妻よりも優位に立つことができずにパワーを失った挙句、支配される立場となった夫の苦悩は深い。

なぜ男たちは女性に虐げられているのか、また女性による支配から抜け出せない要因は何なのか、長期間にわたる取材事例からその深層に迫る。

1 「女性優遇」が招く男性差別

「女性活躍」という名の〝男性支配〟

女性活躍推進法が全面施行された2016年、女性が仕事で能力を発揮することの重要性を職場で訴え、自ら率先して後輩女性を育成してきた野村裕太郎《のむらゆうたろう》さん（仮名、当時40歳）が発した言葉に耳を疑った。

「『女性活躍』という名のもとに強行された〝男性差別〟以外のなにものでもない。なんでこの僕が、ずっと面倒を見て、仕事のチャンスを与えて育ててきた後輩女性に蹴落とされなければならないんですか⁉　新たな時代の女の特権を笠に着て、僕を陰で操っていたということ。つまり、女性による〝男性支配〟ですよ」

約2年ぶりのインタビューが実現するまで1年近く連絡が取れない状態が続いていたため、何か思わしくない出来事があったのではないかと推測していたが、取材場所に現れた彼の顔を見た瞬間、それは確信に変わった。いつもは表情豊かで自然体の彼が、この日は強張った面持ちで目を合わせようとしなかったからだ。簡単に挨拶を交わしてからも視線を外したまま、押し黙ってしまう。

数分が経過した後、いったん天井を見上げるような仕草をしてから、思いの丈をぶつけた。いつしか、その目はうっすらと充血し、潤んでいた。悔しさや無念さ、悲しさといった負の感情が入り混じっていたのではないだろうか。筆者がそれまでの取材を通して知り得た野村さんは職場で逆境にあっても、常に前向きに信念を貫いてきた。そんな男性が見せた初めての涙だった。

野村さんはなぜ、どのようにして、自身が力を注いできた女性登用をめぐり、苦境に立たされることになってしまったのか。彼に取材してきた約15年間を、社会の動向や人々の意識の変容とともに振り返りながら、探ってみたい。

能力発揮には女性の意識改革も必要

初めて取材したのは2008年。東京の難関私立大学を卒業後、東京に本社のあるメーカーに入社した野村さんは人事部を経て、当時32歳で営業部に所属し、主任の職位にあった。

07年に政府と経済界、労働界、地方公共団体の合意で「仕事と生活の調和（ワーク・ライフ・バランス）憲章」[※4]が策定され、仕事一辺倒から家庭など私生活とバランスの取れた働き方への変化が、政策として立案され始めたばかりの時期だった。企業は、女性の仕事と家庭の両立支援を軌道に乗せるのに手一杯で、女性が管理職に就いて能力を発揮すること、さらにそのために人材育成や職務配置への配慮などが不可欠であることに気づき、実行していた企業はまだわずかだった。

そのような状況下で、野村さんは、女性社員にチャンスを与えることで経験を積んでスキルを磨かせ、将来的に指導的地位に就ける人材を育成することの重要性を強く認識していた。

「入社してから3年、人事部にいた頃、入社試験では女性のほうが成績が優秀なこともあり、秘密裡に男性に下駄を履かせて採用してきた実態を目の当たりにしました。うちの会社では女性は結婚、出産後に退職することを想定して男性を多く採用してきた歴史があります。今は男性に有利な採用はないと聞いていますが、育児との両立困難で離職する女性が後を絶たない。仕事で力を発揮して活躍できるようになれば、頑張って続けるはずです。入社後早い段階から、管理職も目指せるよう、女性の能力開発に力を入れるべきです。女性のいない、または少ない部署への配置も必要です。僕のいる営業には正社員の女性は一人もいないので、女性を配置するよう、上司に働きかけています。それと同時に、女性自身の意識も変えなければなりません」

頬をやや紅潮させて熱弁を振るい、会社だけでなく、女性自身の意識改革の必要性を訴えたのが、非常に印象に残っている。

女性社員の成長を願い、職場での活躍を後押しするという崇高な志が、後に己を追い詰めることになろうとは、この時点では思いもよらなかっただろう。

営業女性誕生と自身の昇進への期待

その後も定期的に会ってインタビューを続けた。経営陣の意向を受け、なかなか首を縦に振ろうとしない上司の対応にめげることなく、進言を続ける彼の姿は勇ましく見えた。そうした努力の甲斐あって、女性登用は実を結び始める。２０１０年、営業部に初めて入社9年目で、総務や広報を経験してきた女性が配属されたのだ。入社年次は野村さんより3年下だった。最初の1年は、通常は派遣スタッフの女性が担当している営業関連のデータを整理・管理する内勤業務を任せ、適性を判断したうえで外勤に回すという条件付きではあった。

その女性が条件をクリアして、本来の営業の職務を任されるようになって半年ほど過ぎた11年、当時35歳の野村さんは目を輝かせながら、こう話した。

「やっと営業職の女性が誕生しました。『女性だからといって気を遣わず、ほかの男性部員と同様に厳しく指導してください』などと言う気骨のある子です。将来別の部署に移ったとしても、管理職になるには営業経験があることは強みになるし、もともとコミユニケーション能力に長けた女性は営業に向いていると思うんですよ。彼女の前に2人候補に挙がったんですが、打診するといずれも『自信がない』と断られているんです。彼女には頑張ってもらいたいですね。それに……そのうち、僕を支えて営業部を盛り上げてくれることも期待しています」

「というと……近く管理職に昇進されるのですか？」

「ええ、課長ポストをいただけそうでして……1、2年先にはなりますけどね。『女性社員の指導に手こずる管理職が多いなか、君なら安心して任せられる』と、内々に上司に言ってもらえまして。僕自身も頑張らないといけませんね」

彼が真摯《しんし》に女性社員の活躍を願っていることは、それまでの継続取材からも疑いの余地はない。一方、自身が出世を待望していることは、いつもより大きな声で興奮気味に話す表情からも見て取れた。明るい前途が開けている、はずだった。

「平等の本当の意味を理解する努力を」

課長ポストを手にしたのは野村さんではなく、彼が育成した女性社員だった。

予想だにしていなかった展開は、女性社員が約8カ月の育休から職場に復帰してから1年近くたった2015年に待ち受けていた。野村さんの話をもとに、それまでの経緯を振り返る。

女性社員は営業部員としてメキメキと実力を発揮し、12年に管理職に就くための登竜門でもある主任に昇格した。それと同時期に結婚し、翌13年に第一子を出産、育休から職場に戻ったのは14年のことだった。育休中、野村さんは自ら進んで女性社員が受け持つ取引先を担当し、職場の状況を随時伝えるなどして、スムーズに仕事に復帰できるよう尽力した。

ところが、15年春の人事異動で野村さんは主任のまま、人事部に異動。女性社員が36歳で営業部の課長に昇進した。彼が勤める会社では女性の課長は、前年に誕生してから2人目。無論、営業部では初の女性課長であり、男性の最年少記録と並ぶ快挙だった。

そうして、本章冒頭で紹介した16年のインタビュー時の語りへとつながるのだ。女性活躍推進法が全面施行され、女性の管理職登用への機運が一気に高まっている時だった。この会社でも女性管理職の目標が定められ、達成した部署の長は査定で高評価を獲得していた。

23年秋に47歳になる野村さんは現在も人事部に所属し、人事部への異動から5年後、44歳で課長に昇進した。会社が目指すダイバーシティ経営[※5]のため、多様な人材の確保と能力開発のための計画づくりを担っている。同時期に、活躍を後押しした女性は広報部に移り、社内初の女性部長になったが、部下の女性社員からパワハラ（パワーハラスメント）で訴えられ、事実認定された調査結果が出る前に辞職したという。23年春、内に秘めていた事実を明かしてくれた。

「実は……例の女性社員が結婚した時、本人は『念願の営業で仕事ができているので、成果を上げるまでは子どもはつくらない』と言っていたんです。それを真に受けた僕が、『その心意気で頑張れ』といった趣旨の発言をした。この点について、彼女が僕からのセクハラ（セクシャルハラスメント）でパワハラであると、営業の部長に訴えていたことを後から知りました。部長が訴えを聴くにとどめたようで、関係者へのヒヤリングなどは行われなかったのですが、結局はそれが僕の左遷につながった。無念でした……」

部長は功を焦り、女性管理職の数値目標達成のため、事実関係を確認することなく、課長候補である女性社員の言い分を鵜呑《うの》みにした可能性がある。一方で、その数年後、部長ポストを手にした女性社員は部下へのパワハラ行為に及んでいることから、課長に昇進した時点で指導的地位に就くには能力が不足していた面は否めない。佐々木さんは〝数合わせ〟の女性登用の犠牲者といえるのではないか。

「彼女のようなケースを生じさせないために、何が必要だと思いますか？」

「行き過ぎた女性優遇が男性差別につながること、そして能力不足の女性を数合わせのために管理職に登用してはならないことを、経営陣はじめ、人事・労務、各部の管理職がしっかりと認識する必要があると思いますね。それから……いまだ女性社員の意識が変わっていないのは大きな問題です。出産後の就業継続も、管理職登用も、企業の制度やチャンスを生かして頑張ってもらいたい気持ちに変わりありませんが、配慮や優遇に甘え、依存しているケースも少なくない。ダイバーシティ、ジェンダー平等の本当の意味を、企業も社員も理解し、ともに成長していかなければならないと痛感しています」

取り乱すことはなく、冷静に柔和な表情で「女性活躍」時代の課題を分析し、職場の明るい未来を切り開こうと力を尽くす野村さんの姿に安堵《あんど》するとともに、一条の光を見た気がした。

2 「活躍」妻の不貞を知らぬフリ

「普通じゃない夫婦」目指して

結婚相談所や結婚情報サービスに入会しないと相手探しが難しかった時代から、専門の業者による婚活パーティーや、自治体などが街おこしを兼ねて企画する「街コン」など、男女の出会いを企画するイベントが各地で広がり始めていた2008年、関東で開催された婚活パーティー取材で出会ったのが、IT関連企業に勤める当時28歳の松田《まつだ》隆《たかし》さん（仮名）だった。それまで1年間で約30もの婚活パーティーに参加してきたという。

「いつもそこそこ盛り上がって連絡先を交換するところまではいくんですが、交際には至ったことがありません。なぜなんでしょうか？」

表情豊かに答えるなど、コミュニケーション能力は高いように見受けられた。日を改めて、インタビューに応じてくれ、1時間近く経過した頃、ようやくこう打ち明けた。

「僕は、仕事も家事・子育ても、互いに協力して支え合いながら行うような夫婦が理想なんです。でも、パーティーとかで話を進めていくうちに、僕の職種や会社名から年収を探ろうとしたりして、男性に経済的に依存しようとしている女性が多くて……。出会いの場はあるけれど、この人だ、っていう運命の人に出会わないんですよね」

筆者は出会いの場が多すぎることが、相手の良いところを見つけるよりも、粗探しに終始して、マッチングに至らないと考えている。ただ、当時の松田さんの場合は、明確な目標とする夫婦像を描き、結婚相手探しのために努力を重ねていた。そしてまだ20歳代で時間はある。

時はワーク・ライフ・バランスという言葉が世に出て、浸透する前だったことを踏まえると、思い描く夫婦像は社会の潮流に先んじていたことがわかる。

2年後、30歳で大手メーカーで総合職として働く2歳年上の女性と結婚する。

「『仕事で上を目指しているから、普通の奥さんのようには家のことはできないけどいい？』プロポーズを受けてくれた時の彼女の言葉です。『僕らは普通じゃない夫婦になろうよ』と感謝の言葉を返して、ハグし合いました」

「普通じゃない」新たな夫婦像を目指して歩み出した喜びを、声を弾ませて語ってくれた。

妻を「お母さん」にしてあげたかったのに……

仕事で実績を重ねていくにつれて帰宅時間の遅くなる妻に代わり、松田さんは家事をこなした。自らの仕事も怠ることはない。職場でも家庭でも全力投球している様子が、定期的に会って聞くなかでありありとわかった。

そんな2人の前にたちはだかる大きな壁が、子どもができないことだった。不妊治療を行っていることを彼の口から聞くのは2015年、治療を始めて数カ月過ぎた頃だった。結婚後1年ほど経てから意識して子どもをつくろうとしたが妊娠に至らなかったため、妻がクリニックに通い、正確に排卵期を把握して性交渉を行うタイミング法を試みているという。

「お互いに管理職になってさらに忙しくなる前に、1人でもいいから子どもを作っておきたいと話しているんですが、なかなかできなくて……。奥さんが働き過ぎなんですかね？　あっ、いや、これは面と向かって言ったことはないですよ、もちろん。クリニックでは原因は今のところわからないと言われているみたいで……。僕は奥さんが仕事で活躍して、良いお母さんにもなることを応援していることに変わりありませんから」

翌16年秋、38歳の妻が妊娠していることがわかった。折しも、女性活躍推進法が全面施行された年である。妊娠が判明する1カ月ほど前、妻は次年度からの課長昇進を内々示のようなかたちで上司から打診されていたが、きっぱりと断ったらしい。

この経緯は実は、電話で彼から聞いた。近況を知るために連絡をしたのが、たまたま妻の妊娠判明と同時期だったようだ。すぐに面会取材を申し込んだものの、忙しさを理由に断られる。表情をうかがい知ることはできなかったが、待ちに待った吉報にしては、電話口の彼の声が平坦で、感情がこもっていないようで気になった。

しかし不運にも、妊娠がわかった翌月、妻は流産してしまう。9週目に入ろうとしていた頃だった。この時こそ、会って話すのは拒絶されるだろうと思っていたのだが、流産から3カ月後、彼は面会でのインタビューに応じてくれた。

「結婚から6年目でやっとできた子でしたから……そりゃ、残念で、悔しくてなりませんよ。奥さんをお母さんにしてあげたかったのに……。でも、子どもを失った代わりと言ったら何ですが……奥さんは来年4月から課長です。僕からも、妊娠のためにいったんは断った昇進を受け入れることを勧めました。奥さんには少しでも前向きになってほしいし、そんな彼女を見ていたら、僕自身も前進できるんじゃないかと思って……」

言い終えると、彼は口元を緩めた。微笑みを浮かべたようにも見えた。

「妻の浮気」に苦しみ続ける

これ以降、松田さんはインタビューへの協力を拒むようになる。会うことはもとより、電話やメールでのやりとりもできなくなってしまった。妻の妊娠から流産へと、奈落の底に突き落とされるような悲痛な心情の表われかとも思われた。だが、前回のインタビュー最後に見せた、どこかほっとしたような表情が気がかりで、それは時が経過するにつれて不審に変わった。

そのわけが、松田さんの口から明かされるのは、2022年夏のこと。妻の流産から

6年近く過ぎた頃だった。定期的に送り続けていたメールに返信があり、さらに面会での取材を受ける旨が記されていた。音信不通の期間を経て取材が再開できるケースはごく少数だ。だがその分、それまで内に秘めていた思いを打ち明けてくれる場合が多い。40歳代に差し掛かった男性に、白髪や顔のシワが目立ち始めるのは珍しいことではない。ただ、彼の場合は加齢以外にも、視線が浮遊するような落ち着かない様子や、青ざめた顔色など生気のない表情から、今抱えている心の痛みがいかに著しいかがうかがえた。

「長い間、返事もせずにすみませんでした。実は、僕は……無精子症、だったんです……つまり、そのー……」

いきなりの発言にやや戸惑う。沈黙に陥ることなく、こう続けた。

「僕たち夫婦に子どもができなかったのは、僕に原因があったんです。そのことを妻は知りません。妻が通っていたクリニックとは別の医療機関で検査してわかったことで……。不妊治療といってもタイミング法でしたから、夫婦一緒に診てもらうこともありませんでしたし……」

これまで知る出来事に当てはめて整理するのに、少し時間を要する。単刀直入に尋ねるのも相手の気持ちを考えるとためらわれ、ただ彼からの言葉を促すしかなかった。

「というと……」

「悔しくて、怒りの気持ちでいっぱいで、今も苦しみ続けていることですが……つまり、その――……数年前に妻が妊娠した時の相手は僕ではなかった、妻は浮気をしていた、と
いう、こと、なんです……」

心の奥底から絞り出すような声だった。

妻に振り回されず、対等な夫婦でありたい……

閉塞性無精子症でも顕微鏡を用いた採取法や精巣の手術で、精子を採取することは可能だが、そこに至る前に妻の妊娠が判明したということなのだろう。尋ねたいことは山ほどあったが、話してくれるのを待つしかない。5分、10分と時間だけが過ぎる。だが焦りはなかった。この間、彼の表情が少しずつではあるが、冷静さを取り戻しているように見えたからだ。不意に、うつむき加減の顔をほぼ正面に近いところまで上げた。と

同時に、彼が話し始めた。

「妻の妊娠がわかった時、確認すべきだったんですが……確かに妻の浮気は許せない。でも、不妊の原因が僕にあることも、男として耐え難い事実でした。そのー、つまり……結婚当初から目指してきた、妻は仕事で活躍し、良きお母さんにもなるために、そして僕は、妻を応援する夫であり続けるために……黙っておこうと思ったんです……」

言い終えて精魂尽き果てたようにうなだれ、インタビューを続けることは困難だった。

2023年の年明け。まだ課長職には就いていないという43歳の松田さんは、さらなる胸に秘めた思いを語ってくれた。

「やっと結婚できた奥さんの願いを叶えたいと躍起になり、理想の夫婦像にこだわり過ぎたのがいけなかったのだと思います。そして、管理職に昇進した仕事のデキる奥さんと比べて、昇進できずにうだつの上がらない自分が、男として情けなかった……」

前回の取材では妻の呼び名を「妻」に変えていたが、また元の「奥さん」に戻っている。

「奥さんが別の男性の子どもを妊娠する、そんな裏切り行為を許せる男なんていませんよ。でも、僕は、怒りで腸《はらわた》が煮え返りながらも、奥さんの不貞を知らないフリをした。

結局は、奥さんの意のままに操られていたんじゃないかと思います……。今思うと、僕は奥さんに仕事での活躍と良き母親になることを応援したいと思っていましたけれど、妻としてどうあってほしいのか、彼女自身はどのような妻でいたいのか、などを夫婦で話し合うこともしなかった。『妻』の視点が全く欠けていました」

「これから、あの時のことを確認することはもうしないのですか?」

彼にとってつらい質問と承知しながらも、聞かざるを得なかった。

「そりゃ、あれから何度も考えましたよ。真実を確かめるというよりは、奥さんが嘘でも浮気を否定してくれたら、この苦しみから少しでも解放されるんじゃないかって……。でも、ダメでした。やはり奥さんとこれからも夫婦でいたいんです。流産した後、彼女から別れを切り出されることもなく、子どものいない夫婦で暮らしていこうと話し合って、今の生活もそれなりに充実しているんです。それにもしかすると、あの時、奇跡的に僕の精子が働いて、奥さんが妊娠した可能性もあるかと思うと……」

ひと通り、彼が話したかったことを話し、彼から聞きたかったことを聞き、インタビューを終えようとしたその時、彼がポツリと漏らした言葉が胸に刺さった。

「妻の意向を気にして振り回される自分とは決別し、対等な夫婦でありたい。そのためにもいつか、少なくとも、僕に不妊の原因があったことを話さないといけないと思っています」

出世の階段を上っていく妻に対し、仕事でも生殖機能でも負い目を感じるがゆえに、妻の不貞という残酷な現実から目を背けざるを得ない男性の悲哀を感じた。

3 「専業主婦」妻のDV

「妻には家庭を守ってもらいたい」

働く女性の育休取得率が今よりも20ポイント以上低い64・0％にとどまるなか、女性が育児などと両立して働くことを支持する世論が高まり始め、企業にも両立支援策の整備が求められていた2002年、大手ゼネコンに勤務する当時32歳で独身だった山田《やまだ》康《こう》平《へい》さん（仮名）は、理想の結婚相手について、開口一番、こう持論を展開した。

「家事や育児など家庭での役割に専念してもらって、絶対に仕事はしてほしくないんです。だから、結婚するまでの仕事はバリバリ働いているよりは、事務職のほうがいいかなと。男は職場の厳しい競争を勝ち抜くために毎日、必死に頑張っているわけですから、妻になる人にはしっかりと家庭を守り、夫が家に帰ったら安らげるようにしてもらいたいんですよ。男はみんな本音では、妻には家庭に入ってもらいたいと思っているもんですよ」

職場など公的なシーンでは、「男は仕事、女は家庭」という固定的な性別役割分担意識を明らかにする人は皆無な時代をようやく迎え、インタビューでも最初から山田さんのように本心を歯に衣着せぬ物言いで話す男性はほとんどいなかっただけに、彼の今後の生き方を追い続けたいという取材者としての血が騒いだのを昨日のことのように思い出す。

キャリアを棒に振り、尽くしてくれる

そして3年後の2005年、山田さんは35歳の時に2歳年下の元メーカー勤務の女性

と結婚する。専業主婦として家庭を守ってくれる女性を射止めたが、当初彼が話していた事務職ではなく、大学卒業後、大手メーカーに総合職採用で勤めていた女性だった。

「バリバリ働いていた元キャリアウーマンのほうが、職場のパワーゲームもわかっていて、心強いですね。妻の前に、事務職の女性でお付き合いした人は何人かいましたけれど……自分が尽くすよりも、相手への依存が強い女性ばかりで……。その点、妻は自分のキャリアを棒に振ってまで、私のために尽くしてくれているわけですから。プロポーズを受けてくれた時、『仕事での夢を果たせなかった私の分まで、頑張って。応援しているから』と言って、くれて……本当にうれしかった。30代半ばになるまで結婚相手を見つけられず、焦りましたが、この年まで待って、本当によかった、です……」

結婚から半年後のインタビューで答えてくれた山田さんは終盤で、感極まって言葉に詰まった。

男女雇用機会均等法施行（1986年）直後に総合職として就職した「均等法第一世代」の女性が理想と現実とのギャップに苦しんで辞職するケースが少なくなかったのに比べ、「第一世代」よりは数年若い世代となる妻には、一定の能力を発揮する機会が与えられていたのではないだろうか。山田さんが感謝していた、妻が仕事で活躍するチャンスを手放して家庭に入る選択をしたことが、ある出来事を機に夫婦関係に亀裂を生じさせる引き金になろうとは、この時は予想だにしていなかった。

順調な出世は「妻のお陰」

山田さんは20歳代の数年を除いて、営業畑ひと筋に歩んできた。結婚翌年には長女が生まれ、さらに関西にある支社に勤務中に長男も誕生し、2008年に家族4人で東京本社に戻った38歳の時、同期の先陣を切って課長に昇進した。

「総合職で働いていた経験のある妻は、職場で男が出世の階段を上がっていくためにどれだけ大変な思いをしているのか、よく理解してくれています。妻が子育てを一手に担い、家庭をちゃんと守ってくれているからこそ、私は仕事だけに集中できるし、家に帰ればほっとして職場でのストレスも軽減できる。だから、実績を上げることができ、順調に管理職ポストに就けたんです。すべて妻のお陰で、妻には本当に感謝しています」

課長昇進直後の慌ただしい時期にもかかわらず、山田さんはインタビューに応じ、職場の出世競争の第一段階ともいえる課長ポストを手にした喜びから満面に笑みを浮かべて話した。その語りには「妻」という言葉が幾度となく登場した。

さらに、こう言葉を継いだ。

「社内結婚した同僚が何を思ったのか、保育所の送り迎えなど夫婦で子育てを分担しているんですが、本人も奥さんもいつも険しい表情をしていて、大変そうです。あれじゃあ、子どものためにもならないし、夫婦仲も悪くなるんじゃないでしょうかね」

時は、働く女性が仕事と家庭を両立できるよう、実効性のある支援策を推進するため、企業が本格的に取り組み始めていた頃である。山田さんの見解はある意味、時代の潮流に逆行することにもなるわけだが、彼は堂々と、自身が思い描いた通りの「男は仕事、女は家庭」という夫婦の役割分担が奏功していることを強調した。

しかしながら、順風満帆なのはこの頃までだった。

マタハラ背景に根強い性別役割分担意識

課長ポストに就いてから4年後の2012年、部次長昇進も間近と目されていた42歳の時、部下の女性から育休取得を契機に嫌がらせを受けたとして、人事部のハラスメント対応窓口に訴えられるのだ。訴えた本人のほか、同じ職場の社員へのヒヤリングを経て事実認定され、数カ月後の定期人事で山田さんは子会社の建設工事会社への出向を命じられた。

ちなみに職場での妊娠、出産、育休取得などを契機とする嫌がらせであるマタハラ（マタニティハラスメント）という言葉・概念は14年の新語・流行語大賞の候補に選ばれるなど、2010年代前半から少しずつ世に広まりつつあったが、実際に法律でマタハラ防止措置が企業に義務付けられたのは17年のこと。山田さんが女性部下から訴えられた当時、マタハラ問題を認識していた管理職はそれほど多くなかっただろう。

子会社出向から1年ほど過ぎた13年、山田さんは動揺を隠せない青ざめた面持ちで重い口を開いた。

「育休を取得させなかったわけでも、嫌がらせをしたわけでもないのに、その女性部下は『職場復帰してから十分な仕事を与えられず、管理職を目指して能力を発揮する機会を奪われた』などと訴えたんです。事実無根の訴えでしたが、私には事情を説明する機会ももらえませんでした。それで子会社に左遷なんて、全く納得できません。ただ、個人的な思いが、そのー、なんというか……」

「個人的な思いが、ハラスメントにつながった可能性があるということですか？」

「いや、今でもハラスメントだったとは思っていません。ただ……仕事と家庭を両立させて働き続けたいというだけでなく、出世まで目指す女性の働き方がどうも理解できなかったというか……。そんな思いが顔色や態度に出てしまっていたでしょうし、実際に職務を遂行できるのか不安で、育休前と比べて軽い仕事しか任せられなかったのも事実なんです……」

山田さんへのインタビューからだけでは、実際にマタハラがあったかどうかは判断できないが、彼自身が理想とし、実現してきた根強い男女の性別役割分担意識を背景に、無自覚のまま、女性部下へのマタハラ行為に及んでいた可能性があることも否定できないだろう。

出世競争に敗れ、妻からDV被害

この出来事が、夫婦関係に暗い影を落とすことになるのである。

出向により、子会社の課長職に就いてから3年が過ぎた2015年、元いた会社との労働契約を終了。子会社と労働契約を結ぶ転籍となった。

その後2年ほど連絡が取れなくなっていたが、17年、ようやくインタビューが実現した。子会社の部長職に就いていた47歳の山田さんは白髪が目立ち、覇気がない。課長に昇進し、意気揚々としていた頃とはまるで別人のようだ。どう声をかけていいか考えあぐねていた時、彼は静かに淡々と語り始めた。

「実は……妻から暴力を受けまして……」

思いもよらない告白に、質問の言葉に詰まってしまう。

「それは、その一、つまり……」

「DV（ドメスティック・バイオレンス）です。私が子会社に転籍となり、元の会社に戻れる可能性がなくなってしばらくしてから始まりました。『出世すると言っていたのに、約束が違う』『自分は仕事を辞めて、あなたに賭けていたのに……』『負け組になるなんて……こんなはずじゃなかった』などと一方的に責め立てられ、口論になることが増えて……。そのうちに会話がほとんどなくなったかと思うと……今度は、妻の気持ちの昂《たかぶ》りが暴力として現れるようになってしまったんです。どうしてこんなことになってしまったのか、夫として、男として本当に面目ない、です……」

妻はリビングの棚に置いてある花瓶や家族写真の入ったフォトフレーム、雑誌などを手当たり次第に山田さんに投げつけ、さらに顔や体を殴る、蹴るなどの暴行を加えるようになったのだという。たまたまその様子を目撃した当時、小学3年生の長女（9歳）と小学1年生の長男（7歳）は、ショックから母親とも父親とも会話ができなくなってしまったらしい。両親の不和が、「面前DV」による子どもへの心理的虐待をもたらした罪は重い。

妻からのDVが始まってから1カ月ほど経た頃、子ども2人を東京郊外に暮らす山田さんの実母に預けた。彼自身も1週間程度、最寄りのサービスエリアで車中泊しながら自宅近くまで行って外から妻の様子を観察していたが、このままでは妻自身が危険と判断し、義母を自宅に呼んで妻の面倒を見てもらうことにした。子どもたちは、祖母が温かく世話をしてくれたこともあり、少しずつ元通りに会話ができるようになったという。

妻と別居してから2年。妻は躁うつ病と診断され、精神科のクリニックで投薬治療を受けていたが、ほぼ回復し、必要な時に精神安定剤を服用している程度だという。妻とは、子どもたちを連れて毎週末、自宅まで会いに行っているらしい。

「そろそろ同居を再開しようかと、妻と話し合っているんですが……正直、自分に夫として、男として自信がないために、ためらってしまうんです。出世競争に敗れた私はもう、妻が結婚時に理想としていた夫ではありませんからね。果たして受け入れてもらえるのかと……」

「妻の顔色ばかりうかがっていた」

2018年、約2年半の別居を経て、山田さん家族は再び一緒に暮らすことになった。別居が始まった頃からずっと妻に寄り添ってくれていた義母を加え、5人での生活がスタートしたのだ。同居再開当初のインタビューでは「元の鞘《さや》に収まるまでには時間がかかるかもしれません」と不安も口にしていたが、「子どもたちが元気に成長していく姿が、2人の絶好の話題となって、関係の改善を後押ししてくれています」と話し、次第に夫婦の自然な会話が増え、再び心を通わせていく様子が伝わってきた。

53歳になった山田さんは現在の会社での在籍も10年を超え、地道に実績を上げて1年前に事業本部長に昇進した。妻は下の子どもが中学校に進学したのを機に、2年前から契約社員として働いているという。「妻は今、生き生きとしています。そもそも、家庭に閉じ込めておくべき女性ではなかったのかもしれませんね」と、23年春のインタビューで笑みを浮かべて開口一番、口にしたのは妻の話だった。

「私はあと2年で役定（役職定年）で、それが職場のパワーゲームの実質的なゴールとなりますが、元の会社に戻れないことがわかってかなりへこんでからも、何とかふんばることができたのは……やはりいろんな意味で、妻の存在が大きかったと思います。一度は妻を後悔させ、私に暴力を振るわせてしまうまで関係が悪化しましたが……一日も早く元の夫婦、家族に戻りたいという強い思いがあったからこそ、ここまで、頑張れ、たん、です……」

落ち着いて話していたように見えたが、感極まったようで言葉に詰まる。そして、いったん顔を上げて深く息をしてから、こう続けた。

「今振り返ると、妻に、出世の階段を勢いよく上がっていく格好いい男の姿を見せたくて、妻の顔色ばかりうかがっていたなと思うんです。ある意味、妻にコントロールされていたんでしょうね。まだこれからの人生、長いですから、少しずつ、ゆっくりと、夫婦関係を再生していければと思っています」

一言ひと言噛みしめるように語る表情に、かつてのような気負いは見られなかった。

4 「女性は被害者」が男を追い詰める

一面的捉え方が招く新たな男女不平等

本章で最初に紹介した野村さんは、男性に偏った管理職に女性を積極的に登用しようという、本来のポジティブ・アクションの意義を逸脱し、部署の長の人事査定に紐づいた数値目標ありきで強引に進められた行き過ぎた女性優遇が男性に対する差別を招き、男たちを苦しめていることを示す典型的な事例だ。２０１６年に女性活躍推進法が全面施行されてから、こうしたケースを取材、調査する機会が著しく増えた。

世界経済フォーラムが毎年、発表しているジェンダーギャップ指数に関するマスメディア報道にも見られるように、日本女性をひと括りにして、平等の恩恵を享受できていない〝被害者〟と捉えた言説が流布している。一方で、日本の男性の幸福度は女性よりも低いという、異なる観点からの男女格差を示す国際調査が、新聞、テレビニュースなどで報道されることはない（日本男性の幸福度の低さに関する調査結果については第5章で詳述する）。

過剰な女性優遇による男性差別も、紛れもないジェンダー問題なのである。これまで女性が抑圧されてきた長い歴史から転じて、今度は男性が女性に虐げられているケースが実際にあり、増えていることを決して見逃してはならない。「女性が被害者」という男女格差の一面的な捉え方が根底にあることが、新たな男女不平等を生じさせる大きな要因となっているといえるだろう。

確かに、長年女性を虐げてきた男性優位社会を抜本的に変革するため、男性はこれまで保持してきた特権の代償を払う必要がある。だが、その代償があまりにも大きい、つまり「平等」に戻すための振れ幅が大きすぎると、バランスを欠いて、新たな「不平等」を生み出してしまうことになるのだ。

改めてポジティブ・アクションとは、性別や人種などによる不平等をなくすための暫定的な優遇措置のことであり、男女の不平等については、必ずしも女性の優遇を前提としているわけではない。すなわち、性別にかかわらず、どちらか一方が多数を占めている業種や職種、役職などを対象に、バランスを図るための是正措置なのだ。この根本原理を度外視したまま、法律で策定が義務付けられた女性管理職の数値目標を達成するためだけの〃数合わせ〃の女性登用が進むことは、男性だけでなく、女性自身にとってもハッピーとはいえないのではないだろうか。

ジェンダー平等の実現に向け、かつての男性が女性を支配する男性優位社会を終わらせ、職場や政治の分野でポジティブ・アクションを実施することは確かに有効である。しかしながら、この暫定的な女性優遇措置が目的を超えて恒久的に過剰に進むと、本来目指している男女の均衡が崩れ、今度は〃女性優位社会〃を生み出しかねない。

無論、第2章で述べる男性間の権力関係と同様に、女性の間でも差異、格差がある。

男性を支配する側にいる女性はあくまでも一部であることは言うまでもない。

公私ともに影を落とす性別役割意識

かつてとは異なり、管理職ポストに就けず、給料も伸び悩む男性が増えており、ますます苦境に立たされている。こうした状況は、職場でのつらさもさることながら、公的領域に比べてなおいっそう親密な関係性で成り立っている家庭という私的領域においても、妻との軋轢《あつれき》を生じさせているケースが少なくない。人生100年時代を迎え、より深刻化している問題である。

二番目に紹介した松田さんは、キャリア志向の妻の仕事を応援するなど、一見、「男らしさ」に囚われない、新たな男性像を目指していたようだった。しかし実際には、課長職に就いた妻と、管理職昇進の見込みもない自分を比較し、妻よりも優位に立てないことに苦悩していた。さらに不妊の原因が自分にあることをひた隠しにしながら自責の念に駆られ、妻の不貞に目をつぶるという異常な行動に出てしまう。つまり、夫婦に対する考え方の根底には性規範が居座っていたのだ。

最後の山田さんの事例では、自身の明確な性別役割分業意識が、公私ともに負の影響を及ぼしてしまう。まず職場においては、女性が出産後も育児と仕事を両立させて働き続けることを企業が支援することが当たり前の時代になっているにもかかわらず、根強い性別役割意識がマタハラを引き起こし、足をすくわれることになってしまう。

さらに家庭においても、思わぬ事態を招く。夫婦ともに「男は仕事、女は家庭」という考えを抱いて結婚しており、性別役割分業も双方の合意であれば何ら問題はない。ただ、仕事で出世して社会的評価を得るという「男らしさ」規範を夫が具現化できなくなったことで、妻は「こんなはずじゃなかった」などと怒りを爆発させ、夫へのDV行為に及んでしまう。憤る妻の心理的背景には、総合職として入社した会社を退職して家庭に入ったこともあり、特に近年、家庭と両立させて仕事を続ける、さらにそれに加えて管理職に就いて能力を発揮する、という新たな女性の生き方モデルを推奨する社会の風潮もあったと推測される。

男性は「沈黙の被害者」

ＤＶも、「夫が加害者で妻が被害者」という世間の思い込み、先入観がある深刻な問題のひとつである。夫婦間のＤＶ被害経験者の性別では男性も一定割合いて、女性に比べて男性はＤＶを受けても相談しない傾向にある。内閣府が3年ごとに実施している「男女間における暴力に関する調査」の２０２０年度調査によると、これまでに配偶者からＤＶ被害に遭った経験のある人の割合は、女性が25・9％、男性が18・4％だった。被害経験者に誰かに打ち明けたり、相談したりしたかを尋ねたところ、「相談した」が女性は53・7％と過半数を占めたのに対し、男性は女性よりも20ポイント以上低い31・5％にとどまった（**図1**）。もともと他者に弱みを見せられず、男性は女性よりも強くあるべきという旧来の性規範に縛られているがゆえに、被害を相談しにくい傾向にあると考えられる。

都道府県の婦人相談所などが設置する、ＤＶ被害者の一時保護施設、いわゆる「シェルター」は大半が保護対象を女性に限定している。男性のＤＶ被害者については公的支

図1　配偶者からの暴力について相談したか

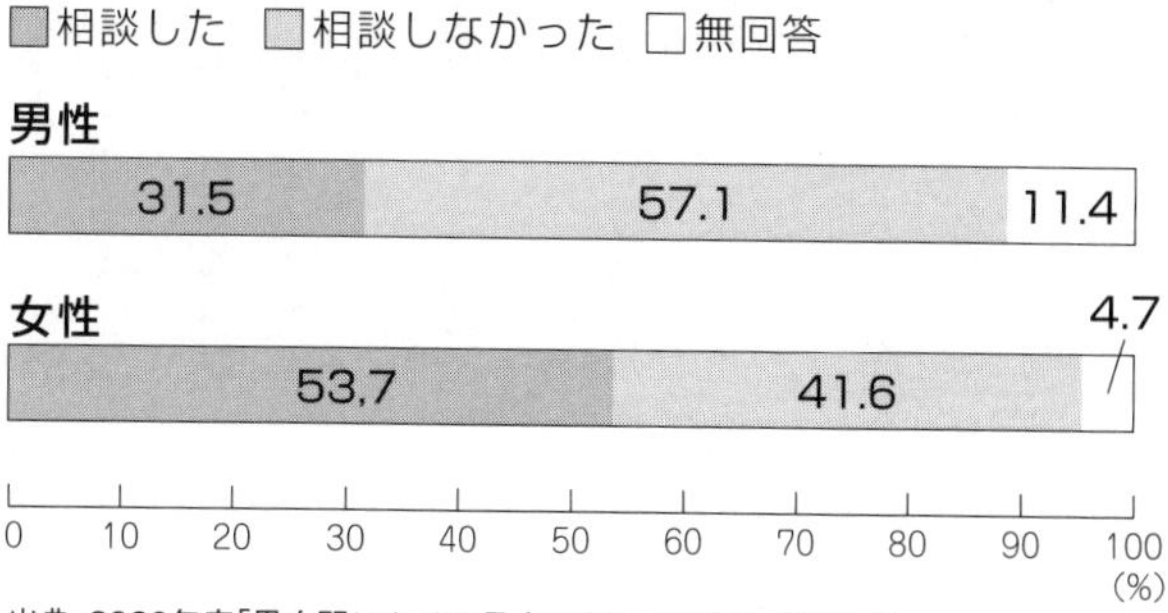

出典 :2020年度「男女間における暴力に関する調査」（内閣府）

援が行き届いていないのが実情で、妻に居場所を知られないようにするため、インターネットカフェで過ごしたり、自家用車で車中泊したりするしかない男性被害者もいる。

長年、男性相談員が男性の悩みを聴く民間の「男性相談」の運営に携わり、内閣府が20年度からスタートさせた「DV相談＋（プラス）」事業の調査研究も担当している濱田《はまだ》智崇《ともたか》・京都橘大学准教授は、男性からの相談は1割程度と少ないが、そのうちほとんどがDV被害者からの相談で、増加傾向にあるという。そのうえで、相談者の心理や内容の特徴についてこう分析する。

「相談するのは男として『恥』『恰好悪い』と考える男性は多い。実際の相談者よりもかなり多くの潜在的なＤＶの男性被害者がいると推測できます。収入が減ったことが理由で、妻から『この甲斐性無し！　男のくせに家族も養えないのか！』などと罵倒されて暴力を受けるのは、男性被害者の典型的な事例です。20年以上も、妻からのＤＶ被害に耐えながら、自分が暴力を振るって加害者にならないように、必死に耐えているという事例もあります」

被害者としての意識はあっても、男は「我慢するべき」「耐えるべき」という思いが強いために、自分が受けたＤＶ被害を過小評価する傾向にもあると、濱田准教授は言う。男性のＤＶ被害者が誰かに相談することを避けようとする背景、加害女性がＤＶに及ぶ要因のいずれにも、「男らしさ」規範の影響が大きいというわけだ。

第2章以降も、事例を紹介しながら現状・背景分析を行い、最終章第5章で誰一人として支配されない、皆が平等の恩恵を享受できる社会の実現に向けて、個々人、そして社会政策の面などから、取り組むべき方策について考えたい。

《注》

※1　女性の職業生活における活躍の推進に関する法律。10年間の時限立法。企業などの事業主に対し、女性管理職数の数値目標（実数、割合など）などを盛り込んだ行動計画の策定・公表などを求めている。2016年に全面施行。同年から常用労働者301人以上の大企業を対象に義務化。22年には改正法が施行され、101人以上の企業にも義務化の対象が拡大された。

※2　女性活躍推進法とは別に、政府は2020年までに指導的地位に女性が占める割合を「少なくとも30％程度」に増やすという目標を掲げていたが、20年12月に閣議決定された「第5次男女共同参画基本計画」で、「20年代の可能な限り早期」の実現に達成時期が先送りとなった。

※3　性別や人種、宗教など社会的・構造的な差別によって不利益を被っている人に対して、一定の範囲で特別の機会を提供することなどにより、差別是正、機会均等を実現することを目指す暫定措置。

※4　翌08年には労働契約法の条文に「仕事と生活の調和にも配慮しつつ」労働契約を結ぶという文言が盛り込まれた。

※5　多様な人材を確保し、その能力を十分に発揮できる機会を提供することで、イノベーショ

ンを生み出し、企業価値の創造につなげる経営。

第2章　男性に蔑まれる男たち

「男らしくない」男性の苦悩

男性間にも支配構造がある。

経済動向や社会構造、社会意識の変化により、旧来の「男らしさ」規範を実現することが難しくなっている。かつてに比べ、職場の出世競争に勝利して高収入を得るなど社会的に成功している男性が少なくなる一方、非正規職にしか就けなかったり、また正社員でも給料が伸び悩んだうえにリストラの危機に瀕《ひん》したりするなど、職場でも家庭でも居場所をなくしたまま、立ちすくむ男性が急速に増えているのだ。

こうしたジェンダー（性）規範を具現化できない「男らしくない」男たちは、少数派の「男らしい」男たちに抑圧されている。常に他の男性と自分を比べて優劣を競い合い、弱音を吐けない特性から、支配される側の男性たちの苦悩は可視化されにくい。

男性同士の権力関係は、正社員、非正規という雇用形態の違い、管理職に就いているかどうか、といったことはもとより、突如としてハラスメントで訴えられて左遷の憂き目に遭って会社での地位が下落するなど、さまざまな状況、パターンがある。そして、権力の力学、構造は若手社員の時代から中堅、ベテラン社員、さらには定年後まで、永《と》久《わ》に続く。

男たちはどのようにして、支配的な男性に蔑まれる立場に転落していったのか。その社会的背景とともに探る。

1　定年後雇用で「奈落の底」

「かつての部下にも同期にも疎まれ……」

2021年秋、定年後の再雇用で建設会社に勤務していた当時61歳の工藤慎次《くどうしんじ》さん(仮名)は、かつて自社が手掛けた関東にある商業施設の屋上にいた。なぜそこを訪れたのか、いまだ記憶があいまいだ。ただ、屋上にたどり着いた瞬間、感情というものを抱く前に、涙が頬をつたったことだけは覚えている。

郊外の街並みを見渡そうとでも思ったのか、フェンスに近づいた。その時、不意に「消えてしまいたい」という衝動に駆られる。1メートルほどの高さのフェンスをよじ登ろうと、上着を脱ぎ棄てて右手と右足をかけた。途端、ズボンのポケットに入れていた携帯電話が振動し、その拍子にアスファルトの地面に尻から落ちた。勤怠確認のため、職場の庶務担当の女性がかけてきた電話だった。

「電話を受けて我に返った、などと片付けることはできないんです。死んで楽になろうとしていた自分か、つらくても必死に生きようとしていた自分か、どちらが本当かなんて今でもわからないんですから……。ただ、定年退職後の自分のありさまが情けなくて、苦しくて……かなり追い詰められていたことだけは確かです……」

新型コロナウイルス感染症の流行が「第7波」に入ったという認識を政府の専門家会議が示し、憂うつな空気が社会に流れ始めた22年夏のインタビューで、工藤さんはそう話し、中指でメガネ中央のブリッジ部分を軽く押し上げた。メガネとマスク越しではあったが、眉間にシワを寄せて苦渋の表情を浮かべているのがわかった。

「かつての部下には恩を仇で返すかのように陰湿ないじめを受け、同期の奴からは『出世競争に敗れたのに、まだ残っているのか』といったあざ笑うような視線を浴びて疎まれ……。つまり、男たちから蔑まれているんです。会社のために一生懸命働いて部長まで務めた。定年前までは『勝ち組』だったのに……この、私が……どうして、こんな目に、遭わなければ、ならない、んですか⁉」

怒りと悔しさで声を震わせた。

定年後人材を有効活用すべき

工藤さんには2012年、従業員の定年後の雇用について、人事部長の立場から話を聞いたのが取材の始まりだった。

当時は、希望する従業員全員を65歳まで雇用することを義務付ける改正高年齢者雇用安定法（高年齢者等の雇用の安定等に関する法律）[※1]が施行される前年。08年のリーマン・ショック、さらに11年の東日本大震災で日本経済が打撃を受けるなか、生産性向上や人件費をはじめとする経費削減が喫緊の課題であり、業績回復に逆行しかねない従業員の定年後の雇用に頭を抱える経営者も少なくないのが実態だった。

東北出身で地元の公立大学を卒業後、建設会社に就職し、人事・労務畑を歩んできた工藤さんは、こうした経済情勢において、将来予測も含めた綿密な分析で、定年後の人材の有効活用の必要性を主張した。

「従業員の生きがい創出、それから国の未来にとって非常に重要な社会保障政策の面から、定年後の雇用が重要であるという本来の意義を、経営陣が十分に理解できていないのが問題です。長年の経験から蓄えてきた知識やスキルを効果的に生かすべきで、定年までと比べて待遇は低く抑えられるわけですから、生産性向上にきっとつながるはずです。特に、うちの会社では、設計、施工管理など技術職も多いですし、後進に伝えていく役目も担ってもらいたいと考えています」

感情表出を抑え気味の表情ではあるが、メガネの奥の瞳が生き生きとしていて、定年後の人材活用に力を注いでいることがうかがえた。

「希望者全員の継続雇用が義務化されても、人事、総務などバックオフィス部門の人たちの定年後雇用の需要は、低いのではないのでしょうか？」

質問しながら、人事部長の工藤さんも「需要が低い」と捉えられかねない失礼なことを言ってしまったことに気づく。とほぼ同じタイミングで、彼はこう切り返してきた。

「それは大丈夫ですよ。あっ、奥田さん、私のことはお気遣い無用です。技術職のほか、経営企画、営業などのほうが有利かもしれませんが、人事、総務などを経験してきた者だって希望すれば、働けるようになるんですから。効果的な人材活用策を考えるのが、われわれ人事の役目です。それに……自社での継続雇用にこだわらなければ、バックオフィス部門のほうが一企業の色に染まらず、幅広く培ってきた能力を生かせるという面では、転職も可能だと思います。管理職経験者なら、なおさらプラスだと思いますよ」

長年の人事・労務経験で大勢の社員を見て、人間洞察力を磨いてきたからなのだろうか。こちらの内心を読み取る力に感心しつつも、語りの最後で彼が見せた貼りついたような笑顔が気になったのを鮮明に覚えている。

会社で「権力」を失うことの意味

その後もさらに、人事部長として定年後の継続雇用のスムーズで効果的な推進に力を注いだ。工藤さんが勤める会社では、継続雇用はいったん定年退職した後、再び雇用される再雇用制度を採用し、嘱託社員として週3日の勤務を基本と定めていた。ただ、いずれの部署でも希望者が少ないうえに、再雇用後、1年単位の有期雇用契約の期間満了を待たずに半年など短期間で辞めていくケースが相次いでいた。定年後の人材の有効活用を一定期間実践したうえで、検証するまでに至らないことに対し、取材でもどかしさや焦りを露《あら》わにする機会が次第に増えていく。

そうして、55歳で役職定年を迎えて人事部から労務部に異動する。実はこの時になって初めて、数年前から（初取材の時にはすでに）定年後の自らの身の処し方に悩んでいたことを知る。役職を解かれてから数カ月過ぎた2015年のインタビューでは、「残念ながら、再雇用では自分の能力を生かせず、会社の役に立てない」と言葉少なに語り、転職を目指し、複数の人材紹介サービスに登録したことを教えてくれた。

それから6年の歳月を経て、冒頭のシーンを迎えるのだ。この間、メールや電話をしても、返信のない状態が続いていた。

22年夏のインタビューで激しい憤りを見せてから数分の沈黙を挟み、事の経緯を説明し始めた工藤さんの表情は、まるで人が変わったように淡々としていた。

彼によると、転職活動は難航し、人事・労務で磨いてきたノウハウや能力、さらに管理職としての経験も予想していたように有利には働かなかったという。そこで、定年後の再雇用を選び、週に3日、人事部に嘱託社員として勤務することに。

しかし、再雇用で働き始めて1週間ほど経た頃から、部長時代にやる気を買って育て、課長昇進を後押しし、今や人事部次長となったかつての部下に、人事データ処理の遅延など軽微なミスを他の部員がいる前で繰り返し叱責されたり、その部次長の指示によって部員たちから無視されたりするなど、パワハラを受けるようになる。さらに、同期入社の執行役員からは廊下でのすれ違いざまなどに、蔑むような表情を向けられたのだという。商業施設屋上での出来事から数日後、再雇用で働き出してから半年を待たずに退職を申し出た。

「定年後の再雇用で、私は会社での権力を失い、奈落の底に突き落とされたんです。組織の力関係で支配されるとはこういうことなのか、屈辱的な体験から思い知らされた気がします」

感情的な言葉とは裏腹に、乾いた表情が、工藤さんが受けた精神的苦痛の大きさを物語っているようだった。

「働く意味を求めてはいけない」定年後雇用

今年秋に63歳の誕生日を迎える工藤さんは今、職に就いていない。2023年春、改めて定年後継続雇用で働いた当時を振り返った。

「転職が難しかったのが大きかったですが、70歳までの従業員の雇用確保が事業主に努力義務[※2]となる前の年でしたから、自分が模範になってやろうという思いも少しはあった。と同時に、70歳まで働くべきという社会的なプレッシャーを感じていたのも確かです。家でゴロゴロしていたら女房に気を遣うし、近所の人にも何と言われるかわかりませんからね。手塩にかけて育てた部次長からは感謝されていると思っていましたが、小さなミスも厳しく注意する私のやり方にうっ憤がたまっていたのかもしれません。定年後に立場が逆転したら、元部下から怒りや恨みが跳ね返ってきたというわけです。同期のほうは単純で、執行役員の奴は勝者で、私は敗者ですから、冷たい対応は当然ともいえるんです……」

継続雇用を契約期間途中で退職してから、どうしていたのか。

「一定の蓄えはあって経済的にどうしても働かなければならないわけではないので、小学生の登下校の見守りボランティアをしてみたり、陶芸教室に通ってみたりと、何もしていなかったわけではないんですが、どれも長続きしなかった。やっぱり私は働きたいんです。でも、どうしても誰かの役に立ちたい、自分の経験を生かしたいなどと、こだわってしまって、仕事が見つからなくて……。定年後は働く意味を求めてはいけないんです」

あれほど従業員の生きがい創出のため、定年後雇用に尽力した工藤さん自身が発した「働く意味を求めてはいけない」という言葉が、ズシンと胸に響いた。

2　同期に〝刺された〟フラリーマン

「冷徹」な人員削減立案者

バブル崩壊後の新規学卒者の採用減に始まる企業の人件費削減策が、社員のリストラ、つまり出向・転籍から早期退職募集、退職勧奨まで進行していた2005年、メーカーの人事部で人員削減策の立案に携わっていた北山新之《きたやましんの》助《すけ》（仮名）さんは、33歳という年齢の割には落ち着いた物腰で、冷静に現状を説明した。

「企業業績を回復するため、最も手っ取り早いのは人件費の削減です。成果主義[※3]の人事考課が低い社員には、片道切符の子会社行きや早期退職など、出て行ってもらうしかないんです。企業のリストラ策は、ますます厳しくなっていくと思います」

「失礼ですが、会社の仲間に辞めてもらう職務を担当することは大変ではないですか？」

本来なら少し機嫌を損ねてもいいような質問にも表情ひとつ変えず、淡々と答えていく。

「仲間を切るなんて惨いと思う人も多いんでしょうね。でも、われわれ人事がリストラに動かなければ、それこそ従業員全員が路頭に迷ってしまうことになる。ここは冷徹にいくしかないいんですよ。それに……」

淡々と話していた北山さんがここに来て、初めて感情を露わにしたように見えた。

「リストラのターゲット層はもうすぐ、私たちの上司、先輩世代の30歳代後半から40歳過ぎのバブル世代へと広がります。大学受験も就職もライバルの多かった私たち団塊ジュニア世代と異なり、バブル世代は売り手市場で容易に大量入社し、甘い汁を吸ってきたんですから、ここで犠牲になってもらうのもやむを得ないですね」

このバブル世代に対する手厳しい見解の裏には、彼なりの複雑な思いが込められていたことを知るのは、数年後のことだ。

リストラ実行で抱えた葛藤

その後、総務部、労務部を経て2010年、人事部に戻るのと同時に、38歳で同期の中でもいち早く課長に昇進した。そして、人事部でリストラ実行チームの先頭に立つことになる。この間、結婚して一男一女をもうけ、公私ともに順風満帆のはずだった。だが、この頃から、仕事でかなりの精神的負荷がかかっていたことを取材を通して知る。

「もちろん私だけで辞めてもらう社員を決めるわけではありません。でも……リストラ対象者一人ひとりと面談して、その旨を通告する役目、つまりリストラ実行の最前線に立っているのは基本的に私で……それだけに、そのー、なんというか……」

かつて自ら「冷徹に」リストラを捉えていた彼にしては、どこか弱気に見える。

「やはり、社員の首を切ることはつらいですか?」以前の彼なら、即否定したはずだ。答えに代わって訪れたしばしの沈黙が、この質問を肯定しているように思えてならなかった。

「…………。業績、能力などの人事評価では何度も見返して理解しているつもりでも、実際に面談してみると、私が知り得なかった家族も含めたリストラ対象者の人生が見えてくるんです。今まさに上司、先輩のバブル世代がリストラのターゲットとなっていて、過去に同じ部署で働いていた人もいる。お世話になった人たちを切るのは……正直、やるせないというか……。でも、そこにためらいはありません。会社のためにやるしかないんです」

最後の言葉を自身に言い聞かせるように語った。以前から抱えていたであろう葛藤は、リストラ実行の先頭に立つことでなおいっそう深まっているようだった。

勝者から敗者への転落

葛藤を抱えながらも与えられた任務を遂行して実績を重ね、労務部の部次長を務めていた北山さんに、思いもよらない事態が待ち受けていた。古巣の人事部の次期部長への昇進が目されていた2017年、45歳の時に部下の30歳代前半の女性からマタハラで訴えられるのだ。

訴えられた内容は、妊娠中に軽易な仕事への転換を希望したものの認められず、育休期間の短縮を強制された、というものだった。

北山さん自身は事実無根の訴えであると反論したが退けられ、けん責の懲戒処分を受けたという。彼によると、マタハラで訴えた部下の女性はキャリア志向が強く、人事考課前の面談などではいつも、過剰な配慮は職務経験を積んで実績を上げ、昇進していくために悪影響なので望まない、という意向だった。そのため、妊娠中も本人が希望しなかったため、軽易な職務への転換を行わなかったし、育休も希望通りの期間にしただけだったという。

このマタハラの訴えが事実認定され、懲戒処分を受けたことにより、人事部長昇進はなくなり、人事部から総務部に実質的に部下のいない部次長待遇の役職で異動となった。

翌18年、インタビューに応じ、それまで見せたことのないような険しい目つきで、衝撃的な言葉を口にした。

「私は同期の男に刺されたんです……」

「いったい、どういうことなんでしょうか?」

「私を訴えた女性部下は、かつて私がリストラを言い渡した社員の娘でした。そして、実質的な左遷人事を下したのは、私の同期の男。その男が案の定、私が就くはずだった人事部の部長ポストを手にしたんです。つまり、奴が前から私を恨んでいた彼女をけしかけて嘘の訴えをさせたのに違いないんです。こんなことで勝者から敗者に転落するなんて……」

社内人脈を通じて収集した情報をつなぎ合わせたようで、同期の男性に「刺された」のが真実かどうかは調べようもない。だが、長年の取材で彼の人物像を見てきた者として、彼がマタハラを行っていないという主張に嘘偽りがないことだけは確かだと思う。

「パパ活」の落とし穴

「左遷人事」を機に、定時にきっぱりと仕事を切り上げ、帰宅まで街をさまよう「フラリーマン」生活が始まった。そのことを知るのは、音信不通の時期を経て、2021年にようやく取材に応じてくれた時だった。

やつれた顔をした49歳の北山さんは、苦しい胸の内を明かした。

「3年ほどは会社を出てから、スナックのママに話を聞いてもらい、嫌な毎日を憂さ晴らししていたんですが、コロナ禍で酒を扱う飲食店の休業、時短営業などが相次いで、そうもいかなくなって……。それで、そのー……若い女の子に食事とかに付き合ってもらってお金を払う〝パパ活〟とかいうやつにはまってしまって……とんだ災難でした……」

コロナ禍でスナックが休業している時に初めてネットで知り合った女性と飲食をともにしてお金を払ったことをきっかけに、スナックが再開した後も、月に2、3回の頻度で〝パパ活〟にお金をつぎ込んでしまったのだという。半年ほどで妻にバレたためにやめたが、それから妻との会話はほとんどないらしい。

「私が部長になれなかった時点から、急に妻の態度が冷たくなって……それがそもそも、自宅に帰りたくなくなった理由でした。実際には直属の部下もいない閑職ですから、会社に残って処理するべき仕事もないわけです。だから……街をフラフラするしかないじゃないですか……」

今や「負け組」が多数派

2023年春、同じ部署の部次長待遇のまま、51歳になったばかりの北山さんは、思ったよりも落ち着いた様子で、職場の出世競争や人間関係について語った。

「男は社内の出世競争に勝つために頑張っている。特に私のような団塊ジュニア世代は、それが働くモチベーションになっていると言ってもいい。でも、管理職の数そのものが削減され、ポストに就くこと自体難しくなっている。つまりもう出世する見込みのないなか、正直、何のために働いているのか、自分を見失ったまま働いている感じです。少数派の勝ち組の男たちに、多数派の負け組の男たちが蔑まれる。そりゃ、つらいもんですよ」

「管理職ポストに就く以外でも、例えば日々の仕事の実績を積み上げ、職場の人間関係を良好に保つことも、以前に比べると難しくなっているのでしょうか?」

「そうですね。実績を上げること以上に、失敗しないことが重要ですし、ハラスメントと誤解されないように部下との人間関係には念には念を入れるとか、少しでも気を抜くと足をすくわれる時代になったなというのが、自分の経験も踏まえた考えです。もう巻き返しを図れない私が言うのですから、より客観的な見方だと思いますよ」

フラリーマン化する男性会社員の悲哀について、一歩引いて冷静に分析するような物言いは、時間の経過とともに、自らの経験を俯瞰できるようになった証しなのかもしれない。

3 〝イクメン戦士〟の罠

目指すは出世と良きパパの〝二刀流〟

男性の育休取得率がわずか1％強（1・56％）だった2007年、小売業の会社に勤める当時、独身だった中里達也《なかざとたつや》さん（仮名、当時26歳）は、仕事とわが子の育児への関わり方について、こう話した。

「女性の仕事と子育ての両立は大変で、今、企業がようやく重い腰を上げて両立支援策に取り組み始めたところですが、男性こそ、育児に積極的に関わるべきだと思うんです。『専業主夫』の選択肢もあると言っているんじゃありません。従来通り、仕事で実績を上げて出世を目指したうえで、良き父親としてわが子の世話をして、十分に向き合う時間を持つべきだと思うんですよ。かつて女性が家庭か仕事かの選択を迫られた時代から少しずつ、環境が整備されて両立が可能になりつつあるなか、男性だって昔ながらの仕事一辺倒の生き方はナンセンスです」

時は、育児に積極的に携わる男性を指す「イクメン」という言葉・概念が世に出る2年ほど前。職場など公的領域で子育てへの関与を自ら進んで口にする男性もほとんどいなかった時代に、中里さんの意識の高さがわかる。

そして何よりも、出世競争の勝利と、良き子育てパパの両方を志す〝二刀流〟の生き方を堂々と語ってくれたのが強く印象に残っている。所々に綴じ糸が切れて黄ばんだ当時の取材ノートには、「二刀流」と大きく記載した下に赤の二重線が引かれている。彼の目指す男の生き方は当時の筆者にとって、新鮮だった。

妻の「マミートラック」が信念を後押し

翌2008年、27歳で大学時代の同級生と結婚し、その後、29歳の時に妻が第一子となる男子を出産し、中里さんは父親となった。

夫婦で協力して子育てをしているが、長男が生まれた時に育休を取得したのは、教育サービス業で総合職として働く妻だけだった。キャリア志向の強い妻が育休取得から職場復帰した後の苦い経験が、その後、彼がなおいっそう仕事も育児も両方を頑張る〝イクメン戦士〟への道を突き進むきっかけとなったようだった。

12年、31歳の時のインタビューで中里さんは、口惜しそうにこう経緯を説明した。

「当初は妻と僕と両方が時期をずらして育休を取る予定だったんですが、異動を希望していた営業部に5年ぶりに戻った直後で、正直、育児よりも仕事を優先せざるを得ませんでした。妻も、今回は自分だけ取るから、僕は仕事に専念したほうがいいと言ってくれて……。でも妻は職場復帰してからが、大変なようで……」

妻は育休取得後、広報部に戻り、短時間勤務も時間外労働の制限も申請しなかったが、以前に比べて職務の量だけでなく、質も低下したのだという。

当時、日本ではまだ出産後の女性の職務内容が限定され、昇進とは縁遠いキャリアコースに固定されてしまう「マミートラック」[※4]という言葉・概念は一般には知られていなかったが、管理職を目指す中里さんの妻は、現状への不満だけでなく、将来的な昇進の道まで絶たれるのではないかという不安が高まっているようだった。

「妻は子育て中も、変わりなく仕事で能力を発揮する機会を与えてくれると、会社に期待していたようです。でも現実は違った。『責任のある仕事は与えられずに仕事と子育てを両立させるか、仕事に専念して活躍するか、女性は結局、どちらかを選ばなければならないなんて、おかしい』と、妻は嘆いています。それで仕事に対するモチベーションが低下して、さらに実績を上げにくくなるという悪循環に陥っているんです。会社側は子育て中の女性社員への『配慮』と主張するんでしょうが、社員のキャリア形成を邪魔するひどいことだと思います」

「奥さんの状況を踏まえ、ご自身は今後、どうされるつもりですか？」

中里さんの目が鋭く光ったのを、昨日のことのように思い出す。

「2人目も欲しいと話しているので、次の子どもが生まれた時には、必ず僕が育休を取って、妻が経験しているような理不尽なことが起こらないよう、会社に訴えていきたい。そしてもちろん、これまで通り、着実に実績を上げて社業に貢献し、何としても管理職ポストを手にしたい。育休を経験した管理職は社内にはまだいませんから、その第一号に僕がなってみせますよ。そして、部下たちの育休取得を支援したいと思っています」

「パタハラ」で左遷の憂き目に

中里さんが2012年のインタビューで決意を語った「部下たちの育休取得を支援する上司はその後、「イクボス」※5という言葉で知られるようになる。この点においても、彼の考えは世の潮流の先駆けであったことがわかる。

しかし、「イクボス」が23年時点でもいまだ実質的には広がっていないのと同様に、中里さんの夢は打ち砕かれ、左遷の憂き目に遭う。男性社員による育休など子育てに関する制度利用をきっかけとする嫌がらせであるパタハラ（パタニティハラスメント）を受けるのだ。それは、巧妙に仕組まれた悪質なものだった。

19年、38歳の時に、長男誕生から9年を経て、妻が第2子となる次男を出産した。長男はすでに小学校に進学して学童保育を利用しているが、以前のように手がかからなくなったこともあり、妻は次第に職場でグループリーダー的な仕事を任されるようになっていた。なおさら、次男の出産を機に妻にかつての苦い経験をさせたくないと、中里さんは半年の育休を取得する。勤める会社で男性の育休取得は初めてではなかったが、前例の数件はいずれも1週間程度で、一気に長期間の取得となった。

「男が育休を取っても、会社のために成果を上げていれば、職場復帰後も能力を発揮する機会を与え続けてくれると信じていました。でも、全くの見当違いでした。男性の育休取得を積極的に推進していると、企業のイメージアップのために社外的にPRしながら、実際はそんな意図は微塵もなかったんですよ……」

21年のインタビューで当時を振り返り、中里さんはそう苦渋の表情で打ち明けると、うなだれた。

後輩男性に「してやられた」

パタハラは育休から職場復帰後に待ち受けていた。営業部で実績を積み、育休に入る前は課長昇進間近と目されていたが、職場に戻ると担当していた取引先は数カ月前に異動してきた入社年次が一期下の男性が担い、部内トップクラスの営業成績を上げていた。

中里さんはマーケティング・データを整理するなど内勤を中心に、若手部員の指導、相談役を担うことに。半期ごとの人事考課（5段階評価）は育休前は一番上だったが、下から2番目に下落し、職場復帰から1年余り経た20年春の定期人事で労務部へ異動となったのだ。

半年後、職場復帰後に自身の取引先を担っていた入社年次が一期下の男性が営業部の課長ポストに就いた。その男性にも幼児の長女がいるが、育休を取得することなく、育児を専業主婦の妻に任せていた。

「結局、会社の本音としては、育休を取る男性社員を快く思っていなかったんだと思います。そ、それに……」

苦しいながらも必死に語ってくれていた彼が、突如として言葉に詰まる。

「課長になった後輩男性のことで、ほかにも何かあるのですか？」

数分の沈黙の後、憤りで顔を赤らめながら、こう思いの丈を吐き出した。

「僕が……そのー、派遣スタッフの女性2人にセクハラをしていたと、奴が部長に密告したらしいんです。もちろん、そんなことは一切ありません。なのに……〝被害者〟の女性から相談を受けたと。してやられたというか……。ただ……コロナ前、飲み会の席で酔った勢いで調子に乗って、彼氏はいないのか、とか尋ねたことは確かにあったので……脇が甘かったのかもしれませんね」

23年秋に42歳になる中里さんは現在、労務部で福利厚生などを担当している。まだ課長には昇進していない。

「育休取得で、会社の表と裏の顔をまざまざと見せつけられました。結局は、僕のような新たな価値観は受け入れられず、『男社会』の古い価値観を持った幹部の男たちの思うままだったということですね。パタハラで左遷された時には会社を辞めようかとも考えました。辞職を思いとどまらせてくれたのは、自分も過去につらい経験をした妻でした。『制度は整っても、職場の現実はひどいということを経験した人間だからこそ、できることがあるはず。つらくても我慢して働き続けて、内側から改革していかないとダメ』だと。今僕が言えるのは、妻の言葉そのものですね」

話し終え、瞳が鋭く光る。近い未来を見据え、自らに言い聞かせているように見えた。

4 「男」の価値観に翻弄される氷河期世代

「社会が悪い!」割に合わない非正規

「僕が悪いんじゃない! 悪いのは企業、そして社会ですよ!! たまたま学卒時に不況が重なったために、非正規の割に合わない仕事をして、つらい毎日を送らないといけないなんて、酷すぎます!」

2002年、当時26歳の上原健介《うえはらけんすけ》さん(仮名)が放った太く響く声が20年以上経った今も、筆者の心にこだましている。その後、インタビューで非正規雇用の窮状と企業や社会への怒りを訴える内容を聞く機会は幾度となく訪れるのだが、この時が最初だったこと、そして彼の表情に鬼気迫るものがあったからだった。

1997年11月の金融危機以降、日本の労働市場が急速に悪化の一途をたどるなか、上原さんは99年、出身地である東北地方の私立大学を卒業した。実に100社近くの採用試験を受けたが、正社員職での内定は一社ももらえなかった。地元と比べて仕事の多い東京で経験を積んでキャリアアップを図ろうと上京し、アパレルメーカーの契約社員として働き始めたという。

「3年契約で入社した当初は人事部の担当者から『仕事ぶりによっては正社員への道も開けている』と言われたので、それを信じて必死に頑張りました。1年目は営業事務的な仕事でしたが、2年目からは補佐的ではあるものの外回りの営業も担当させてもらって、3年目には東京の難関大学卒の正社員の新人くんに仕事を教えるまでになっていたんです。そ、それなのに……なんで、この、僕が……。結局、契約は更新されずに辞めるはめになってしまって……」

退職時の光景がよみがえったかのように憤りで顔を赤らめて話した後、静かにうなだれた。取材時は、学卒後2社目となるIT企業で契約社員として働き始めて1年目だった。

ただ、上原さんは正社員登用へのチャンスを諦めているわけではない。そして、キャリアアップへの意欲を後押ししていたのが、交際している彼女の存在だった。

「上京した翌年に知り合った2歳年下の女性なんですが、彼女も僕と同じ地方出身で非正規で事務の仕事をしています。実は……まだプロポーズはしていませんが、彼女が20代のうちに結婚したいんです。『一人口は食えぬが二人口は食える』って、今の仕事が見つかるまで数カ月アルバイトをしていた喫茶店のマスターが教えてくれた言葉ですが、その通りで2人でなら家賃とか経済的にも楽だし、何とかやっていけると思って……。もちろん、彼女のためにもキャリアアップしたいと考えています」

この時初めて、彼は口元を緩め、穏やかな表情を見せた。

正社員になれず、結婚も諦める

だが、上原さんにとって厳しい現状を受け止め、ふんばって働き続けるモチベーションにもなっていた彼女との関係に暗雲が立ち込める状態となってしまう。

2003年、交際4年目で、彼女の父親に結婚を前提にお付き合いしていることを伝えるために挨拶に行ったところ、「非正規で安定した仕事に就いていない男性との交際を許すことはできない」として、猛反対に遭ってしまうのだ。それでも2人は、いずれ理解してくれると信じ、同棲に踏み切る。

04年には製造業への労働者派遣が解禁されたが、ＩＴ企業の契約社員を2年で雇い止めに遭った上原さんはメーカーの工場での派遣の仕事とコンビニでのアルバイトを掛け持ちし、ＩＴの資格を取得するための通信教育の受講料を捻出。「彼女のお父さんに結婚を祝福してもらえるよう、何としても正規の仕事を見つけます」と決意を語り、キャリアアップに向けて懸命に取り組んでいた。

しかし、残念ながらその努力の甲斐もむなしく、職務経験のあるＩＴ企業での契約社員の仕事がやっと見つかったかと思うと、契約が更新されずに職を失い、また製造業での派遣業務を転々とするようになる。気づけば、彼女は20歳代終盤を迎えていた。

正社員職に就けないために結婚できないことへの焦りからか、いつしか2人の間で喧嘩が絶えなくなり、彼女はある日突然、同棲していたアパートから出ていった。上原さんが31歳、彼女が29歳になった07年の時だった。真剣に結婚を考えていた彼女との別れをきっかけに、「もう女性はいいです」と、彼は女性との交際を避け、結婚を諦めるようになる。

「派遣切り」を経て、故郷で再出発

そして、2008年9月のリーマン・ショックを契機とした不況による雇用情勢のさらなる悪化が、追い打ちをかける。

「派遣切り」に遭って行き場を失った人たちが集結した、08年大晦日から09年年明けにかけての「年越し派遣村」（東京・日比谷公園）のニュースに当時衝撃が走ったが、上原さんも派遣で働いていた製造業の工場勤務の仕事を期間途中で契約解除、つまり解雇されていた。もしやと思い、連絡を取り続けたものの、一向に返事はなく、所在さえつかめなくなってから数カ月過ぎた09年、ようやくその事実を本人の口から知らされるのだ。

彼は東北地方にある実家に戻り、再出発を図っていた。

「彼女も仕事も失い、自暴自棄になって……一人で孤独で……そのー、実は、自殺を考えたことまであったんです。もう、世の中や誰かに怒る気力さえなくなっていて、自分が情けなくて……。で、でも……一人暮らしをしている母親の姿がふと頭に浮かんできて……。もう前のように何か、目標に向かって頑張ることはできないけど、生きるだけ生きてみようと……。それで、お金も住む場所もないですから、実家に戻ったんです」

悲痛な表情で「自殺」という言葉を口にした時点で、インタビューの続行は難しいかと思った。だが、言葉に詰まり、沈黙を挟みながらも、彼は経緯をしかと話してくれた。

父親は数年前に癌で急逝し、2人きょうだいの姉は夫の仕事の都合で、3人の子どもとともに九州で暮らしている。父親が生前営んでいた印刷工場は死去に伴って閉じていたが、父親の知り合いが仕事を紹介してくれ、現在は地元の金属加工会社に契約社員として勤務していることも教えてくれた。

「もう今以上のことは望めないと思うので、これからはただ静かに、穏やかに、過ごしていければいいのですが……」

まだ33歳という若さにしては、人生をどこか悟りきったかのような物言いが残念にも思えたが、それまでの彼の苦境を知っているだけに、比較的柔和な彼の表情に触れ、本人の望む通りになればと思ったものだった。

「世の中の流れに人生を左右された」

2011年には東日本大震災が起こり、上原さんが勤務する工場も一部損壊し、2週間ほど稼働できないなど少なからず被害を受けた。だが、震災被害からの復興に向けて、従業員同士、そして地域の人たちが力を合わせて取り組む過程で、彼自身の内面にも変化が訪れたようだった。

「震災はつらい出来事でしたが、こんな自分でも、誰かの役に立てることが少しはあるのだということを気づかせてくれました。実家に戻らずにあのまま東京に残っていたら、味わえなかった感覚だと思います」

12年のインタビューでそう語った彼に、仕事に対しても前向きな感情が芽生え、日に日に大きくなっていっている様子がうかがえた。

そうして、それから6年後の18年、上原さんは42歳の時、同じ会社で従来の有期雇用から期限を定めない無期雇用契約へと変わるのだ。改正労働契約法施行により、有期雇用の非正規労働者が同じ会社で通算5年を超えて働いた場合、本人が希望すれば無期雇用契約に転換できる「無期転換ルール」の権利が同年から発生したことによるものだった。

正社員とは異なるが、有期雇用契約時と比べて待遇も改善され、福利厚生も利用しやすくなった。

無期雇用になってからさらに5年、23年夏に47歳になる上原さんは今も同じ会社で働いている。23年春、インタビューに応じ、こう思いを語った。

「学卒時の就職難に始まり、日本の金融危機、リーマン・ショックによる不況と、自分ではどうすることもできない世の中の流れに人生を左右されてきたな、というのが実感です。そしてその背後には、非正規の男との娘の結婚を許さない父親の、また非正規への職業訓練やキャリアアップのチャンスを与えようとしない企業の、古い価値観が確実にあった。旧態依然とした男の価値観に、翻弄《ほんろう》され続けてきたように思うんです。最近、氷河期世代支援と銘打って一部の自治体などが正規職の採用を行っていますが、チャンスを手にするのはほんの一握りですからね。今冷静に振り返れるようになったのも、品質管理部門の責任者を任され、仕事がある程度充実しているせいかもしれません。私生活では年老いた母と2人暮らしは変わりませんが……。う、ふっ……」
21年間に及ぶインタビューで、上原さんが素直に笑った姿に初めて触れ、どこかほっとした気持ちになった。

5　〝敗者〟男性が多数派の時代

複雑化する男性間の支配構造

経済・社会構造の変化などにより、出世の象徴でもあった管理職ポストに就けないばかりか、給料が伸び悩み、男性優位の企業社会において絶対的な規範であった「男らしさ」を具現化できずに苦しむ男性が増加し、今や多数派となっていると、筆者は分析している。

彼らは、事例で紹介した男性たちが多用した言葉である「勝ち負け」で表現すると、社会的に成功するなどして「男らしさ」を実現している少数派の〝勝者〟に支配されている〝敗者〟ということになる。このまま社会の構造や当事者自身も含めた人々の意識が変わらなければ、こうした敗者の男たちの苦悩はますます深刻化するだろう。

男性間での支配構造は、例えば正社員と非正規雇用、管理職と非管理職という、待遇差があるために比較的、可視化されやすいケースだけにとどまらない。本章では就職氷河期世代のほか、水面下で進行しているために顕在化しにくい、現役世代の正社員と、定年後雇用で働く男性を、支配される側の事例として取り上げた。

男性間権力構造のパターンは一様ではない。定年後雇用や男性の育児参加など、時代とともに職場や家庭における男性のあり方が変容しているなか、支配・被支配の構図は複雑化、重層化している。

「権力」を失った定年後の闇

最初に紹介した、定年後の再雇用で、管理職に出世して上司となったかつての部下や、役員まで上り詰めた同期に蔑まれる、元部長の工藤さんは、かつては「勝ち組だったのに……」と憤り、会社という組織において「権力」を失うことの屈辱感や、定年後も働き続けなければならないという社会的重圧を受ける苦悩を打ち明けた。

改めて、日本では2021年4月から、70歳までの継続雇用制度の導入などが雇用主の努力義務となった。労働者が希望すれば、70歳まで働ける社会へと高年齢者雇用の環境整備が進んでいる。現に厚生労働省の22年「高年齢者の雇用状況等報告」によると、66歳以上まで働ける制度のある企業は40・7%（対前年度比2・4ポイント増）を占め、70歳以上まで働ける制度のある企業も39・1%（同2・5ポイント増）と、いずれも増加している。努力義務の70歳までの高年齢者就業確保措置については、22年6月の調査時点で実施済みの企業は27・9%（同2・3ポイント増）だった。

継続雇用制度には再雇用と勤務延長があるが、大半はいったん退職した後、雇用契約を結ぶ再雇用（多くは1年ごとの雇用契約）となっている。雇用主側は生産性向上が目下の課題である状況下での定年後の従業員の有効活用には頭を抱えるケースが多く、労働者側も継続雇用によって定年前と比べて仕事の質が下がって賃金など待遇も悪化するうえ、長年培ってきた経験や能力を十分に生かせないことで、働く意欲が低下するなどの問題に直面している場合が少なくないのが実情だ。

労働政策研究・研修機構の「60代の雇用・生活調査」（20年公表）では、働く60～64歳男性の雇用形態は、非正規雇用労働者が58・1％と、「正社員」（37・1％）の1・5倍の高い割合だった（非正規の内訳は、「パート・アルバイト」13・7％、「嘱託」24・0％、「契約社員」18・2％、「派遣労働者」2・2％）。年齢が65～69歳に上がると、非正規（76・6％）が正社員（18・8％）の4倍にも上る。

また現行では労働者が希望すれば、雇用主は65歳まで雇用を確保する義務があるが、それ以降は労働者自身が働き口を探す必要がある。60歳時点で定年までの勤務先と別の会社に転職するという選択肢もあるが、シニア向けの外部労働市場は未成熟なため、定年までの経験、ノウハウを生かした再就職は難しい。ましてや長年、会社勤めをしてきた人にとって、定年を迎えてからの起業は、さらに困難を極めるケースが多い。

勝負の背後にハラスメント

勝者か敗者か、を決定づけるプロセスにおいて、職場のハラスメントが関係しているケースが増えている。二つ目と三つ目に紹介した事例が該当する。

北山さんが語った「勝者から敗者への転落」は、2017年に事業主に防止対策が義務付けられたマタハラがきっかけだった。本人によると事実無根の訴えで、同期に「刺された」のだという。競争相手を蹴落とす手段として、マタハラが相手に巧みに利用された可能性が高い。

さらに中里さんのケースでは、率先して育休取得をした自身がパタハラを受けて左遷の憂き目に遭ってしまう。こちらも、パタハラの背後には、出世競争で課長ポストを争った男性が絡んでいたと本人は言う。育休取得と処遇との間に因果関係があれば、違法な不利益取扱いにあたるが、育休取得から異動までの間に一定の期間を置いて査定を落としてから異動させることで、法の網をすり抜けている可能性がある。

22年4月から、事業主による労働者への育休取得の働きかけが義務化され、さらに同年10月からは「出生時育児休業（産後パパ育休[※6]）」制度が始まるなど、男性の育児関与への環境整備が進む一方で、労働の現場では依然として男性の育休取得を阻む職場風土があり、パタハラはなおいっそう悪質化しているのである。

厚生労働省が初めて実施した「男性の育児休業等ハラスメント」、つまりパタハラに

図2　パタハラを行った者

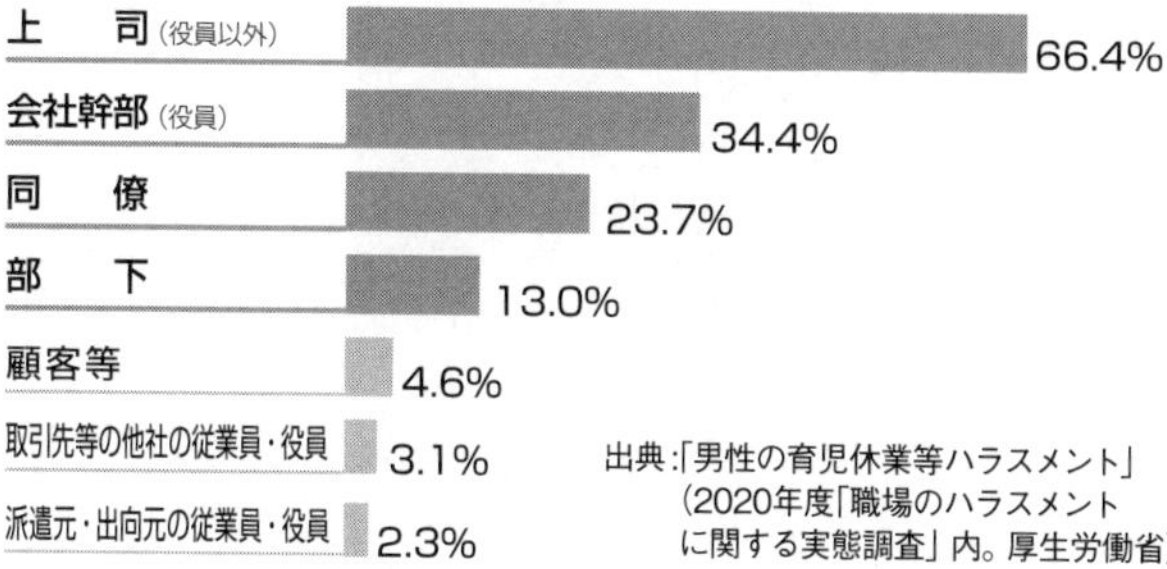

出典：「男性の育児休業等ハラスメント」（2020年度「職場のハラスメントに関する実態調査」内。厚生労働省）

関する調査（20年度「職場のハラスメントに関する実態調査」内）によると、過去5年間に勤務先で育児に関わる制度を利用しようとした男性労働者500人を対象に尋ねたところ、4人に1人（26・2％）がパタハラを受けたと答えた。調査対象者の33・0％が育休など育児に関わる制度を「利用しなかった」と回答。パタハラを受けて利用を諦めた制度は、「育児休業」が42・7％を占めて最も多かった。パタハラを行った者は、上司（役員以外）が66・4％で最も多く、次に会社の幹部（役員）（34・4％）が続いたが、同僚（23・7％）、部下（13・0％）も一定割合を占めた（**図2**）。

　男性の育休取得率は14・0％と、女性の取得率（85・1％）との間に依然として大きな開きがあり、育休取得期間も5割強（51・5％）が「2週間未満」（厚生労働省の21年度「雇用均等基本調査」）にとどまっている。男性の育休が進まない主因のひとつに、パタハラがあるのは明白だ。

権力構造でしか生きられない男たち

さらに最後に紹介した上原さんは、長く非正規雇用で働いてきた当事者として、「旧態依然とした男の価値観に翻弄され続けてきた」と話し、非正規に対する古くからある男社会の考え方に支配されてきた苦しみを打ち明けた。

国は「無期転換ルール」の法制化や就職氷河期世代の正社員登用への支援などを進めてきたが、無期転換は叶ったものの、正社員登用は実現しない上原さん自身が話したように、氷河期世代で不運にも正規職に就けなかった人たちが「チャンスを手にするのは「ほんの一握り」であるのも事実だ。

男たちはいまだ「男らしさ」規範を志向して競争から逃れられず、それゆえに男性間の支配構造から抜け出すこともできない。

事例でも見てきた通り、そうした深い悩みを抱えた夫に対する妻の対応は、その後、夫が少しでも前向きに歩を進められるかどうかの重要なカギともなっている。二例目の北山さんは部長になれずに閑職に追いやられた時、妻に冷たい態度を取られたことが「パパ活」の落とし穴にはまるきっかけになった。これに対し、三例目の中里さんは良き理解者である妻のお陰で辞職を思いとどまることができたと自ら打ち明けた。

ではなぜ、ジェンダー平等や多様性受容が叫ばれる時代においても、いまだ男たちは権力構造の中でしか生きられないのか、さらに第5章で考察を深めたい。

《注》

※1　2021年施行の改正高年齢者雇用安定法のひとつ前の改正にあたる。この改正では、65歳までの継続雇用制度（再雇用か勤務延長）の導入、65歳までの定年の引き上げ、定年制の廃止のうち、いずれかの高年齢者雇用確保措置が事業主に義務付けられた。また継続雇用制度の対象者を労使協定で限定できるしくみが廃止され、希望者全員が対象となった。

※2　2021年4月から、改正高年齢者雇用安定法施行により、70歳までの継続雇用制度の導入、70歳までの定年の引き上げ、定年制の廃止に加え、70歳まで継続的に業務委託契約を締結する制度の導入、70歳まで継続的に、事業主が自ら実施する社会貢献事業、または事業主が委託、出資する団体が行う社会貢献事業に、従事できる制度の導入――のいずれかの就業を確保する措置が事業主の努力義務となった。

※3　成果主義人事制度は、1990年代後半から大手を中心に日本企業が導入し始め、今では広く浸透している。実績や能力に応じた給与など待遇を決めることで、社員の働くモチベーションの醸成や生産性向上に効果があるとされているが、人件費削減策としての色合いも濃い。職務の個人化が進み、職場のコミュニケーションの希薄化を招いた面もあり、メンタルヘルス不調を訴える社員が増加する要因のひとつにもなった。

※4　「マミートラック」は1980年代後半、米国で生まれた言葉。当時、米国でも難しかった、女性が仕事と子育てを両立できるコースというポジティブな意味合いだったが、今では単調な職務の割り当て、昇進機会の遅れや喪失、それに伴う賃金の低下などが生じる働き方という意味でネガティブに使われることが多い。

※5　部下の育休取得を含めたワーク・ライフ・バランスの保持を重視し、キャリアと人生を支援しながら、自らもそれを達成できる上司を指す。２０１３年頃から使われるようになった言葉・概念。

※6　改正育児・介護休業法施行により、妻の出産後8週間以内に計4週間の休みを分割して2回まで取得できる制度。２０２２年10月からスタートした。

第3章　母親に操られる男たち

承認欲求を満たしてくれる唯一無二の存在

男性は中年期を迎えると、かつて決別したはずの母親の〝無償の愛〟に回帰し、そしてその呪縛にかかってしまう。

〝無償の愛〟を息子に捧げる母親の存在は、唯一無二だ。男性たちは学卒後、社会人として働き、年を重ねていくなかで、母親に依存していては社会的にも、精神的にも、自立できないことをおのずと悟る。男性の3人に1人が50歳時点で一度も結婚したことのない未婚者[※1]という晩婚・非婚化社会を迎えているものの、男性の多くは母親から巣立つためにも、結婚して自らの家庭を築くことを目指す。

そして、結婚していても、独身のままでも、母親を唯一無二の存在として再認識するのが、中年になってから。職場の出世競争に敗れ、また家庭では妻やわが子から自分が思うほど評価されていないことを自覚するなど、アイデンティティーを見失い、さまよい始める時期でもあるためだ。そうした状況下で、自己の存在価値を証明し、承認欲求を満たしてくれる母親の存在が急浮上するケースも少なくない。

しかし実は、そうした男たちは母親から操られているのである。既婚者と独身者、さらに若年層などさまざまな境遇における母親との関係を経年変化も交えた取材事例で紹介し、その複雑で重層的な母親・息子関係の謎を解明したい。

1 〝無償の愛〟という名の支配

「母親のような女性を求めて」結婚できない

「結婚できない男性」の実相を探るための取材で、初対面となる2001年、当時35歳の中川和也《なかがわかずや》さん（仮名）に対し、取材者としてとても惹きつけられたことが脳裏に焼き付いている。

関西出身で、地元の有名私立大学を卒業後、東京に本社のある総合商社に入社し、東南アジアへの海外駐在経験もある。年収が同年代男性の平均額をはるかに超えていることは想像に難くなく、高校、大学とテニスに打ち込んだ身長180センチ近くの体格で、端正な顔立ち。女性にモテること間違いなしの条件を兼ね備えていた（ちなみに、当時は今ほど男性に家事、育児能力が求められていなかった時代だった）。

そんな中川さんが、「僕は結婚できない男なんです」と宣言する。当時、「結婚できない男性」は、高収入で「モテ男」であることをアピールしたうえで、女性との出会いのなさを理由に、結婚できないのではなく、「結婚していない」ことを強調するタイプか、経済力や外見が女性の求める条件に達していないことを理由に「結婚する自信がない」と明かすタイプの二つに大別されたのだが、彼はそのいずれにも該当しなかったため、より興味が湧いたのだ。

「出会いがなくて結婚していない、と言う男性は多いですが、僕はそういうわけでもないんです。学生時代の友人や仕事仲間に誘われれば、合コンにだって参加していますし……」

「何が原因だと思いますか？」恐る恐る聞いてみる。

「理想が高すぎるんでしょうね

いとも簡単に認めた。当時、取材していた男性たちが決して認めようとしなかったことを。

理想の女性を尋ねると、「容姿が普通以上で、料理が上手で、家庭を守ってくれる人」。結婚相手に経済力を求める女性が今よりも格段に多かった時代であることを踏まえると、それと引き替えに男性が女性に求める条件としては厳しいとは言えない。

もしかして、母親のような女性を求めているのではないか。そう思いつくのと同時ぐらいに、彼がこう話した。言いにくそうにではなく、堂々とした物言いだった。

「母親のような〝無償の愛〟を捧げてくれる女性を求めてしまうんですよ。実現不可能ですもんね。だから、困っているんですよ……。あっ、はは……」

結婚できない理由を冷静に自己分析し、悲観せずに軽く笑い飛ばす余裕も見せた。

「家庭を守ってくれる」女性との結婚

最初のインタビューから4年後の2005年、中川さんは39歳で7歳年下の元会社員の女性と結婚する。妻は女子大を卒業後、メーカーに総合職として入社し、管理部門で経験を積み、広報部の主任まで務めたが、結婚を機に退職したという。母親から再三にわたって勧められた見合いを拒否していたが、妻と出会ったきっかけは大学のテニス部の先輩からの紹介だった。

「ずっと希望していた米国駐在が近く叶いそうなんですよ。独身のまま行くわけにもいかないですし、ここで年貢の納め時というか……」

結婚から半年後のインタビューで、結婚理由を尋ねた答えがこれだった。綴じ糸が所々切れ、ボールペンのインクがにじんだ当時の取材ノートには、「年貢の納め時」という語り部分に赤で下線を引き、「?」「!」と大きく記してある。

「うっ、ふふ……今、結婚の動機として変だと思ったでしょ。でも、仕事で勝負したい男としては普通のことですよ」

「失礼ですが、結婚相手の女性に求める条件はクリアされていたということなのですよね?」

「もちろん。一番は家庭を守ってくれる女性ということです。総合職で10年近くも頑張った仕事をきっぱりと辞めてくれましたしね。母親と違って他人なわけですから、見返りのない愛情はないでしょ。僕との結婚で幸せになりたいから、愛情を注いでくれているんだと思います。これから愚痴やわがままも出てくるでしょうけれど、それでいいんじゃないですか」

「ちなみに、お母さんは結婚について何と？」

「……来年からは海外だし、これで本当の意味で母からの自立、なのかもしれませんね」

うつむき加減で語った、質問から少しズレた答えの真意をこの時は推し量ることができなかった。

突然始まった母親からの束縛

母親からの思わぬ束縛が始まったのは2009年、米国駐在から帰国して東京本社勤務となった2、3カ月後のことだった。

「母から突然『癌みたいやわ』と連絡を受けて、その週末、大阪の実家に駆けつけました。父親は数年前に他界して、一人暮らしをしている母が心配でね。精密検査で異常はありませんでした。実は僕が到着する前に異常なしとわかっていたのに、何も言わずに僕を待っていたんですよ。でもあの時は、大事に至らなくてほっとした。それ以来、いろいろと連絡してきて……」

10年、44歳の中川さんは、うれしいような、面倒なような、相反する感情が入り混じった表情を浮かべた。

母親はその後も、「腰を痛めて家事ができない」「吐き気と頭痛がして脳梗塞かもしれない」などと体調不良を訴えてきた。同期からは少し遅れて課長に昇進したばかりの頃で、出世競争を勝ち抜くためにも気を緩められない重要な時期だった。にもかかわらず、時間をやりくりし、月に1、2回週末に実家の母親の様子を見に行っているという。二人兄弟で兄がいるが、母親が切望していた同居が妻の反対で叶わなくなってから、実家に寄りつかなくなったらしい。

「子どもたちはまだ幼くて、母の世話を妻に頼むことはできないですし……。それに……あのー、いや……何でもありません」

私生活も仕事も、多少の困難を笑い飛ばすように前向きに乗り越えてきた中川さんが初めて見せた悩ましく、弱々しくもある表情だったと記憶している。

嘘の病で振り回されても「唯一自分を認めてくれる母」

母親からの要請はますますエスカレートしていく。

2015年、強い頭痛と嘔吐、手足のしびれを自ら訴え、救急車で病院に搬送されたのをきっかけに、母親の本当の「病」が発覚する。その病とは、ミュンヒハウゼン症候群[※2]だった。周囲の同情を引くなどするために、健康であるにもかかわらず、病気であるとアピールする精神疾患を指す。搬送先の病院の精密検査では投薬治療中の高血圧以外、内科、外科ともにどこにも異常が見つからず、受診を勧められた精神科で後日、判明したという。

「2、3年前から少し怪しいなとは薄々勘づいていたんです。でも、母のいう重度の高血圧などの診断名を信じるよう努めて、医師に直接尋ねることはしなかった。すぐに駆けつけてほしいから救急車を呼ぶことにしたんでしょうが……」

数年前に子会社に出向、転籍し、50歳になった中川さんが16年、淡々と答える。

「どうして、そのようなことになったのでしょうか？」取材者としての動揺を隠し切れず、思わず抽象的な質問をしてしまう。

「それは母、それとも僕への質問でしょうか。母なら、僕からは答えようがありません。僕としては、そのー……えっ、へ、へ……」

正直に答えていいものかどうか、考える時間を稼ぐような咳払いだった。以前のように見過ごすわけにはいかない。

「お母さんの嘘の病気の訴えに気づいていながら、なぜ問いたださなかったのですか？」

一瞬、両目を閉ざした後、意を決したように目を見開き、こう告白した。

「母親に必要とされていることが、いつしか僕の生きる支えになっていたんです。幼い頃は勉強のできた兄とは違い、平凡な僕は母から愛情を注がれている実感がなかった。〝無償の愛〟は実体験ではなく、強く望んでいたものなんです。結婚した時は家庭を守ると約束してくれた妻も……2年ほど前から総合職として働いていた会社に契約社員として再就職して生き生きとしている。それに比べて40代で子会社に飛ばされた僕は……

自分が何なのかわからなくなって、存在価値さえないいんじゃないかと思えてきて……。母に振り回されているのは承知のうえで、この世でたった一人、僕の存在を認めてくれる母との絆を大切にしたかったんです……」

これが真の親子の「絆」といえるのだろうか。相手との関係性において自らの価値を見出そうとする「共依存」のように思えてならなかった。

認知障害で、寂しいような複雑な心境

母親は2019年、脳出血を発症して体が不自由になり、介護施設に入所した。23年春、57歳になったばかりの中川さんは母親への思いをこう語った。

「皮肉にも脳出血を起こしたことで、ミュンヒハウゼン症候群は止みました。今では認知症を発症して、もう僕と兄の見分けさえつかなくて……。肩の荷が下りたような、寂しいような、複雑な心境になるときもあるんです。でも、これでいいんだと思っています」

自身の家庭はどうなのか。

「2年前に役職定年を迎えたのを機に退職し、学生時代の友人に誘われて、フェアトレード[※3]を支援する団体で働いています。妻は正社員に登用されて仕事を頑張っているし、子どもたちも高校2年生と中学3年生になって家族以外と過ごす時間が増えました。妻とも、子どもたちとも、適度な距離感を保ちながら、互いに尊重し合える関係がいいですよね。まだ実現できている自信はありませんけれど……」

22年に及ぶ継続インタビューのなかで、最も穏やかな素の彼を見た気がした。

2 「マザコン」中年の末路

母親のために結婚したい

2006年、愛知県内で開かれた、独身男性が結婚するための能力を磨く講座で、講師の話に大きく頷きながら懸命にメモを取る男性がいた。IT企業でシステム・エンジニア（SE）を務める当時、32歳の高井《たかい》祐太《ゆうた》さん（仮名）だった。

1日の単発講座で昼休みを挟んで6時間にも及び、女性との会話術から、外見を改善するための服装選び、笑顔など豊かな表情の作り方、女性を心地よくさせるデートでの振る舞いまで、さまざまなメニューが用意されていた。終了後、高井さんに個別に取材を申し込むと、その場で1、2分考え込んだ後、ためらいがちに「僕なんかでいいなら」と承諾してくれた。

喫茶店の2人席で向き合うと、なかなか視線を合わせようとしない。結婚したいのにできない男性が増えている現状などを説明すると、こちらが質問するより先にぽつりぽつりと話し始めた。

「……専門学校でも、今の職場でも、あのー、男性ばかりでして……そのー、女性と話すことに慣れていないもんですから……。それで、まあ、思い切って……女性と付き合って、結婚するための方法を教えてもらおうと、思ったんです……」

「では、コミュニケーションを取れる女性という（と）」

「母親です」質問を語尾まで聞かずに答えた高井さんの表情がそれまでと打って変わり、生き生きとしていたのをはっきりと覚えている。

――なぜ結婚したいのか？

「母親を安心させたいから」

――どんな女性が理想か？

「母親のように、優しくて思いやりがあって、しっかりした女性です」

結婚に関する質問の答えのほとんどに、母親の存在が影響していた。

幼い頃に両親が離婚し、母親と2人で暮らしてきたことから、母親への愛情がなおのこと深いことがうかがえた。男性は程度に差はあっても、多くが母親に対して強い愛着を持っているものだ。ただ、この時の高井さんには、単に「マザコン」と片付けてしまうことのできない、複雑な思いがあるように思えてならなかった。

「母親には逆らえない」

結婚するため、女性との交際術を学んでも、実際に女性と出会い、交流する機会がないと、生かすことができない。ましてや女性と一度も付き合ったことのない高井さんにとって、交際にたどり着くのは至難の業だった。

30歳代前半は母親が自身の中学、高校時代の友人や職場、地域の知り合いを通じて見つけてきた女性と見合いを10数回重ねたものの、交際に至ることはなかった。「見合いをしている最中は、もしかしてうまくいくかもしれないと思う時もあるんですが、相手からお断りの返事ばかりで……」と回数を重ねるごとに自信をなくしていく様子が見て取れた。

当時は男性でも30歳代半ばを過ぎれば、見合いそのものの成立が難しかった。そのため、2011年、37歳の時に母親の勧めで結婚情報サービスに入会したことで、いったんは明るい兆しが見えてくる。

入会から半年が過ぎた頃、10人目の見合い相手と「交際」へと進むのだ。ここでいう「交際」とは、入会していた結婚情報サービスのしくみで、初回の見合い終了後に双方が承諾した場合に連絡先を交換して交流すること。半年後に「正式交際」に進むかどうかを決めるまでは、同時に複数の相手と「交際」してもいいシステムだったが、高井さんは「交際」相手がいる間は他の活動を停止し、相手の女性との交流に専念した。

ところが、「交際」も3カ月が過ぎ、彼女を自宅に招いたところ、母親が気に入らず、彼のほうから交流を終了してしまう。その後も、2人の女性と「交際」したが、いずれも母親の快い了解がもらえずに、「正式交際」に進む前に関係が終わってしまう。母親が相手の女性を受け入れなかった理由は、『気がきつい』『思いやりがなさそう』『自分を持っていない』など、一貫していなかったという。

結婚相手を見つけることができないまま、2年間で結婚情報サービスを退会する。13年、退会直後のインタビューで、39歳の高井さんはそれまで秘めていた苦しい心境を明かした。

「母親には逆らえないんです。母のために結婚しないといけないという気持ちになったこともありますし……。でも、この年になって、母の言いなりでいいのかとは思うんですが……」

これを境に、結婚相手探しをやめてしまう。

介護を「他人に任せられない」

婚活を自らやめてしまった高井さんは、落ち込むどころか、結婚しなければならないという重荷が取れ、気持ちが楽になっているように見えた。勤務する会社では課長級に相当するプロジェクト・リーダーを任され、仕事はますます忙しくなっていたが、それでも週末は趣味の鉄道に時間を費やし、2、3カ月に一度は母親と一緒に泊りがけで秘境の鉄道巡りをするなど、以前よりも生活が充実しているようだった。

「このまま、母が健康でいてくれたら、言うことないんですけど……」。2015年のインタビュー中、ふと漏らした。この時点で、迫りくる好ましからざる事態を予測していたのかどうかはわからない。

2年後の17年、持病の変形性膝関節症が悪化した母親が要介護状態になるのだ。高井さんが43歳の時だった。初めての要介護認定で「要介護1」と認定され、スーパーへの買い物や自宅内の掃除など、日常生活で必要な動作の一部が自力ではできなくなっていた。

「要介護認定を受ける数カ月前から鉄道旅行にも行きたがらなくなって、自宅の中でも歩きにくいのには気づいていたんですが、そこまで悪くなっているとは思わなくて……。正直、ショックでした。でも、母のことを他人に任せるわけにはいきませんから……何とか自分で頑張っているんですが、ずっと家事を母親任せにしてきたので、大変で……」

要介護認定を受けてから半年ほど過ぎた頃、インタビューでそう苦境を明かした。デイサービス（通所介護）を週に2回利用しているものの、訪問介護サービスについては、要介護1の通常の利用頻度よりも少ない週1回に抑え、炊事、洗濯、掃除、そして入浴の介助まで、一手に高井さんが担っているという。

「失礼ですが、それはお母さんの意向なのですか？」

「いや、すべて私の判断です。母は……そのー、逆というか……」

「逆というのは、どういうことですか？」

「……はぁー。当初から介護施設に入ると言い張るんです。『あんたに迷惑はかけたくない。私が一人暮らしになれば、また結婚相手を探せるじゃない』と……。そんな、とんでもない。母を見捨てることなんて、できるわけないじゃないですか！」

短い沈黙に続くため息は、彼の苦悩がいかに深いかを表しているかのようだった。そして終始、努めて冷静に話していた彼が、この時の取材の最後で一度だけ声を荒らげた。

プライドを保つための介護離職

それからというもの、時間の経過とともに母親の状態は悪化の一途をたどる。日常生活のほぼすべてにおいて介助が必要になり、判断力の低下や記憶障害など認知機能の低下が著しい。要介護認定を初めて受けてからわずか1年余りで要介護3と認定された。デイサービスなど外出時は車いすで移動、自宅内で一人のときには四つん這いになってトイレまで動いて用を足すなどしているという。

要介護者をフルタイムで働く家族が、在宅で介護するには限界のように思われた。また在宅介護の継続か介護施設への入所かの判断を保留して、いったん介護老人保健施設に数カ月入所してリハビリや介護ケアなどを受け、少しでも回復を期待する方法もある。しかし、高井さんはあくまでも在宅介護にこだわった。

その結果、介護離職をしてしまうのだ。要介護3に悪化したことを電話で聞いて以来、取材を申し込んでも断られ続け、インタビューが実現したのは離職から半年ほど過ぎた2019年のことだった。

「介護疲れで単純なミスを繰り返して、職務をまっとうできなくなってしまった。そんな自分が恥ずかしくて、情けなくて……。介護休業制度はあってもとても取得できるような職場の雰囲気ではなかったし、経済的なことを考える余裕はありませんでした。介護サービス業者に頼むのも、他人を頼る弱い男と見られたくなかったですし……。それに、笑われるかもしれませんが……私にとっては離職することでしか、なけなしの男としてのプライドを保てなかったんです」

そんな「プライド」など必要ない。そうわかっていても、そうせざるを得なかった苦しさがひしひしと伝わってくる。やつれた表情が痛々しかった。

孤立の末の高齢者虐待

そうして、離職によって社会との接点が絶たれて孤立した高井さんは、最悪の事態を自ら招いてしまう。母親への暴力だった。そのことを知るのは、2022年末のこと。取材を断られる以前に連絡さえ取れなくなり、3年近くが経過していた。この間、無理にでも母親の介護のつらさを聞き出してさえいたら、取材者としての立場は逸脱するも

の の、老親を一人で在宅介護する身として何かアドバイスなどでき、悲惨な出来事には至らなかったのではないか。彼のことを思い出すたび、今でも己の無力さが悔やまれる。

高井さんによると、要介護3の状態で認知症を発症した母親はさらに脳梗塞を起こして寝たきり状態となった。ヘッドレストが付いた車いすでも一定時間過ごすと体の痛みを訴えるためにデイサービスの受け入れ先が見つからず、週2回の訪問介護と週1回の訪問入浴のサービス利用のほかは、自力でおむつ替えや食事の世話など身の回りのこと全部を担っているという。

「母が感謝するどころか、私の言うことを聞かなくなって……痛い、しんどい、と何度も喚いた挙句、いつも、『あんたに迷惑はかけたくない。施設に入る』と言うんです。母のためを思って、仕事まで辞めて面倒を見てやっているのに……もう、腹立たしくて、我慢できなくなって……そのー、つい、母の体を足で蹴ってしまって……。とんでもない、ことを、してしまって……。もう、反省しても、しきれ、ません」

そう嗚咽しながら打ち明けた。

高井さんは介護の苦しさと孤独感を飲酒で紛らわすうちに、アルコール依存症に陥っていた。訪問介護サービスで訪れたヘルパーがベッドの脇で倒れている彼を見つけ、病院に搬送された。一人取り残された母親は、介護施設に入所することになったという。

高井さんは通院治療を続けながら、社会復帰を目指し、23年春、企業のシステム情報部門が子会社として独立したユーザー系システム会社に契約社員として採用された。再就職から約2カ月後、インタビューに応えてくれた。

「結婚も介護も、すべて母親のためと思ってやってきたつもりでしたが……独り善がりで、母のためにはなっていなかったのだと思います。ただ……言い訳のようになってしまいますが……幼い頃、働き詰めの母と一緒に過ごすことが少なかったから、そのー、親子の時間を取り戻したかった。それに、母親が気に入らない女性と別れ、結婚自体を諦めたのも、在宅介護を拒む母に反抗して自分で母の面倒を見たのも……つまるところは、母に操られていたんじゃないかと……最近、母との適度な距離ができたことで思うようになりました」

むせび泣きでの興奮から一転、落ち着いた表情で一言ひとこと、噛みしめるように語った。

3　母の亡霊と生きる

「母の遺影を眺め」引きこもる

「父親が亡くなってから、母親と一緒に暮らすために建て替えた二世帯住宅で、たった一人……ただひたすら、母の遺影を眺めて暮らす毎日なんです。仕事の誇りもやりがいも、とっくの昔に失っていますし……。働いてはいても、『引きこもり』のような生活です。私の人生、なんでこうなってしまったのか……孤独で、社会的に孤立してしまっていて……情けなくてつらいですが、それを話せる友人もいません……」

2022年夏、簡単な挨拶の言葉を交わしてから10分近く黙りこくっていた川谷《かわたに》良《りょう》太朗《たろう》さん（仮名）は終始うつむき加減で、消え入りそうな声でそう話した。52歳にしては、頭髪はほぼ白髪となり、顔のシワも目立って、母親が他界してからこの4年で一気に老け込んだように見える。もともと内気で、大人しい性格ではあったが、まるで持てるエネルギーをすべて使い果たしたような心細げな表情と口調だった。

本人が「なんでこうなってしまったのか……」と語った人生の20年余りを占める継続インタビューをさかのぼり、亡くなってもなお、母親の存在が心に重くのしかかっている親子関係や彼の心の機微に迫ってみたい。

大学を卒業後、電機メーカーでエンジニアを務めていた川谷さんと出会ったのは、2000年。彼が30歳の時だった。中学・高校と野球部で体格も良く、女性と話すのが苦手というふうには見えない。

理想の女性像を尋ねると、控え目な口調ながらも間髪入れずに「家庭に入って、良妻賢母になってくれる人です」と答えたのが、非常に印象に残っている。2歳年下の妹は結婚して家を出ており、川谷さんは実家で両親と3人で暮らす。

当時は今ほど女性が社会に進出し、子育てなど家庭と仕事を両立させている時代ではなかったが、男性は職場など公的領域で、「男は仕事、女は家庭」という性別役割分業意識を口にすることを控えるようになっていた。そんな時代に「家庭に入って」と語ったこともあるが、それ以上に、自身の結婚相手選びにおいて母親の存在がいかに大きいかが、彼の発言からありありとわかったからだった。

「母は亭主関白な父に対して愚痴ひとつ言わず、優しく、家庭を明るくしてくれる」

「母は手料理がおいしくて、親戚でもご近所でも右に出る者はいない」

「母は父に負けず劣らず、賢くて、政治も経済も社会の動きは頭に入っている」――。

いつの間にか、母親自慢の話になっていた。

結婚相手は働く女性

そんな川谷さんに〝春〟が訪れたのは、2004年のこと。34歳で、学生時代の友人の紹介で知り合った1歳年下の女性と結婚するのだ。明るい性格で聡明、料理上手と、理想の条件をほぼクリアしていたが、たったひとつ異なったのが、家庭に入る「予定」であるものの、結婚した時点では総合職採用の正社員として、働いている女性であったことだ。結婚から3カ月ほど過ぎた頃のインタビューで、こう語った。

「総合職というと、世間ではバリバリ働いている女性というイメージがあると思いますが、妻は家庭をとても大事にしてくれていて、感謝しているんです。仕事は定時で切り上げて、私より遅く帰宅したことは一度もないし、家事もしっかりとこなしてくれています。料理は、うーん、母親に比べるとまだまだですが、でも、時々週末に私の実家を訪れて、母からレシピを聞いて料理を習ったりしています。いつも私のことを気遣ってくれて、私を立ててくれる。申し分のない奥さんです」

「奥さんは、しばらくお仕事を続けられるのですか？」

「えっ？　まあ、そうですね……責任感の強い女性なので、職場への影響も考えて、すぐには辞めにくいんじゃないですか。でも、『家庭に入る』と約束してくれていますので、そう長くは仕事を続けないと思いますよ」

文字にしてみると、それほど違和感なく会話が流れているように見えるかもしれないが、話し方のトーンが高くなって声も引きつり、自身の動揺を覆い隠すかのように笑顔で取り繕っている姿がとても気がかりだった。当時の取材ノートにも、言葉以外の表情や様子を克明に記載しているが、この時の様子はノートを見るまでもなく、映画のワンシーンのようにすぐに頭に浮かぶ。それほど印象に残る場面だった。

妻と母との不仲で離婚

しかし、川谷さん夫婦は別れることになる。わずか2年間の結婚生活だった。仕事が多忙という理由で面会でのインタビューが実現しないことはままあることだったので、半年以上間が空いてもそれほど気にしていなかった。ところが、離婚から1年近く過ぎた2007年、会ったその場で初めて別れたことを口にした川谷さんが、落ち込むどころか、どこか晴れ晴れとした表情を見せたことに戸惑ったのを鮮明に覚えている。

「別れた理由を知りたいですよね。正直、これといった明確なものがあったわけではないんです。私との生活を大切にしてくれていたことは確かですし……。ただ……そのー、子どもがなかなかできなかったんです。結婚が決まった時には、すぐにでも子どもが欲しいと2人で話し合っていたんですが……。彼女は妊娠したら仕事は辞める、と話していましたし……。でも……あっ、いえ……」

何か言いたいことがあるのだが、口にしようとするとためらってしまう。そんな様子だった。離婚してからそれほど時間が経っていない時期に、突っ込んで質問することもできない。発話を促すために待つという意図した沈黙ではなく、取材者としてどうすればいいのかわからないまま、ただ時間だけが過ぎていく。取材ノートには「沈黙 約10分」とあるが、実際の現場では30分以上の時が流れたような長い感覚だった。取材者として焦りを抱き始めていたその時、彼のほうからこう切り出した。

「夫婦なんて、結局他人同士が一緒になるんですから、やっぱり親子関係とは違いますよね。さっき言ったように、彼女が私の理想とする妻になろうと努力してくれていたのは確かだと思うんですが……そのー、十分な子づくりもできないまま、時間が経ってしまって……もちろん、あのー、結婚してから半年ぐらいは夜のほうも行っていたんですが……彼女は、だんだんと残業して帰りが遅くなり、疲れているから、と拒否されるようになって……1年が過ぎたあたりからはセックスレス状態だったんです。それに……まあ……」

川谷さんがまた言葉に詰まる。ここは聞いてみるしかない。

「ほかにも何か理由があるのですか？　失礼ですが、お母さんのことは関係していますか？」

嫌悪感を示されるかと思ったが、逆にこの問い掛けを待っていたかのように打ち明けた。

「実は、元妻と母との仲はうまくいっていなかったんです。私が気づいたのは結婚から半年ぐらい経ってからでした。正月に2人で実家を訪れても、母とはギクシャクして会話が成立せず、私と、普段は無口な父親が間に入って何とかコミュニケーションをとっていたような状況で……。母からすると、家庭に入ると思っていた彼女がなかなか辞めないので、気に入らなかったんでしょう。嫁・姑間の不仲に気づいたのと同時期ぐらいに、母からは『別れて、ほかの人とやり直したら』と言われていました。彼女は仕事が面白くなって辞めたくなかったのと、母との関係が障害だったのだと思います。『あなたとお義母さんが望む妻・嫁にはなれない』と別れを切り出したのは、彼女でした」

ここまで言い終えると、この日のエネルギーを使い果たしたかのように、頭《こうべ》を垂れた。

「二世帯住宅」で母親と2人暮らし

離婚後、実家に戻って両親と同居していたが、父親が他界したのを機に、2009年、

39歳の川谷さんは築40数年の実家を建て替えた。母親と話し合い、二世帯住宅にした。

「なんか変なんですが……母親がどうしても、というんで、二世帯住宅にしたんです。私自身、もう結婚はないかなと思っているんですが、80歳になって気弱になってきた母が少しでも残りわずかな人生に希望を持って元気に過ごしてくれたらと……。でも、二世帯住宅に住んでいて、結婚したら即、義母と同居、という男性と結婚する女性は、今どきいないですよね。あっ、は、は……」

笑いでごまかしたような語りとなった、二世帯住宅で暮らし始めて間もないこの時、川谷さんが自身の再婚についてどう考えていたのか、本心を聞き出すことはできなかった。取材者としての力不足もあるが、彼は二世帯住宅での母と息子の暮らしを厚いベールで包みたがっているようにも見えた。

二世帯住宅で母親と2人、暮らし始めてから9年が経った18年、母親は89歳で他界する。膵臓《すいぞう》に癌が見つかってから半年余りでの逝去だった。

母親が亡くなるまでの間も定期的にインタビューを続け、独身を続ける彼からは「二世帯住宅としての使い道はなくなったが、近くの高校に通う甥（妹の息子）が遊びにきて泊まっていくこともあって賑やか」などと、あえて明るく話してくれていた。しかしながら、母親の死去に際しては、さすがに衝撃が大きかったようで、悲嘆に暮れる様子が何とも痛ましかった。

「母に頼り、自分で人生を決められなかった」

そうして、冒頭での「母の遺影を眺めて暮らす」という、2022年夏のインタビューでの告白につながるのだ。川谷さんはこう言葉を継いだ。

「自分の家庭も持てず、仕事でも課長止まりで、今は同期やかつての後輩が上司にあたる部次長、部長に昇進していて、肩身の狭い思いをしながら働いているんです」

この時のインタビューで12年頃、再婚を考えた女性がいたことを教えてくれた。

「仕事関係で出会った女性で、バツ一同士。相手には小学生の男の子が一人、いました。母との同居も了解してくれて、今度こそうまくいくんじゃないかと思ったんですが……母が相手に子どもがいることを理解してくれずに反対して……そんな母の反応にすぐに気づいた彼女のほうから去っていきました」

現在、川谷さんは同じ会社に課長職のまま勤めながら、母親との思い出深い広い自宅で一人、暮らしていることに変わりはない。ただ、小学校教諭になった甥からの誘いで、2カ月前から地域の少年野球チームのコーチを務めるようになったことで、仕事以外で自宅にこもる生活は一変した。

23年3月、インタビューに応じた川谷さんは、日焼けし、数カ月前に比べてかなり健康的に見える。

「母はいつも私のことを褒めてくれたし、母から受けた愛情には感謝していますが、母に頼り切っていたために、結婚など自分の人生を自分で決められなかった面がありました。母が亡くなってからは……ちょうど年齢的にも、会社での地位、つまり出世競争の勝敗も明確になってきますし、仕事で負けた自分が情けなくて……もう存在しないのに、母の面影を追い求めてしまい、なおさら自分を追い詰めてしまっていたのかもしれません。今では子どもたちと野球を通して触れ合うことで、少しずつでも、前向きに暮らしていけるようになりたいと思えるようになりました。今年の誕生日で53歳になります。もう遅いかもしれませんが、手遅れとは思わず、できることを無理せず行っていければと考えています」
力まず、穏やかな表情で思いを語ってくれた。

4　母親に依存する男性の苦悩

背後に深刻な「共依存」

母親から精神的にも独立しなければならないことを承知していながらも、中年期を迎え、「男らしさ」規範を具現化できずに自らのアイデンティティーを喪失するなか、自分の存在価値を認め、評価してくれる貴い存在として母親を求める男性は少なくない。背後には、「自己喪失の病」とも称される「共依存」という深刻な問題も潜んでいる（共依存については第5章で詳しく述べる）。

本章の最初の事例である中川さんは、40歳代半ばで出世競争に敗れて子会社に出向、転籍となり、家庭でも結婚当時の約束に反して再び働き出した妻は、もはや承認欲求を満たしてくれる存在ではなくなる。これらのことが引き金となり、「母親に必要とされていることが、いつしか僕の生きる支えになっていた」と話し、母親に振り回されていることを認識しながらも、自分から母親に依存してしまう。

脳出血を発症して半身不随となった母親が介護施設に入所し、自身は役職定年を契機に50歳代半ばで早期退職して新たなやりがいを見つけられたことで、母親との共依存関係から抜け出すことができたのだ。

他人を頼れず、社会的に孤立

一方、二番目に紹介した高井さんのケースは未婚のまま、同居する母親を一人で在宅介護することになり、その困難から介護離職し、高齢者虐待という最悪の末路をたどってしまう。

女性のほうが男性よりも平均寿命が長いため、母親との関係では、介護の問題は避けて通れない。既婚か独身か、同居か別居かにかかわらず、働きながら親を介護する中年男性が増え、要介護者との続柄では息子が、息子の妻を上回っている時代をすでに迎え

図3　介護時間が「ほとんど終日」の同居する主な介護者との続柄別割合

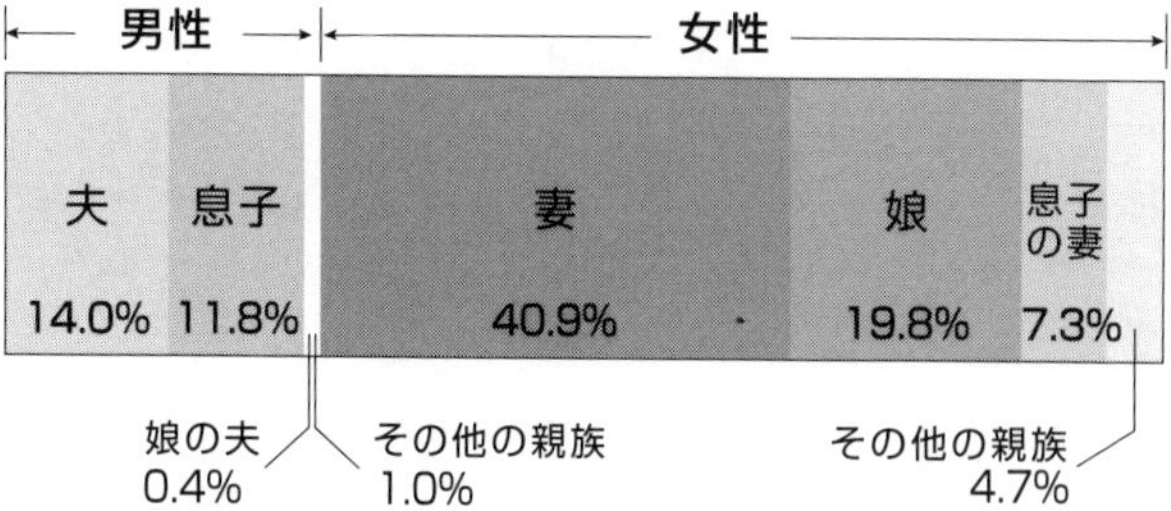

出典 :2019年「国民生活基礎調査」(厚生労働省)

ているのである。

厚生労働省の2019年「国民生活基礎調査[※4]」によると、手助けや見守りを必要とする家族[※5]を同居して主に介護している男性は、124万5000人に上る。介護保険法による要支援・要介護と認定された家族を同居して主に介護している人の3人に1人(35・0%)が男性で、さらにこのうち4人に1人(25・0%)が40歳代、50歳代の現役世代である。介護時間が「ほとんど終日」の同居する主な介護者の男性も3割近く(27・3%)を占め、要介護者との続柄を見ると、息子が11・8%で、息子の妻(7・3%)よりも4・5ポイント多い(妻は40・9%、娘は19・8%、夫は14・0%)(**図3**)。息子が息子の妻を上回ったのは、

13年の同調査から。

また、家事や家族の身の回りの世話など家庭でのケア役割を担った経験がほとんどない中年男性は多く、慣れない親の介護に疲弊し、普段通りに職務を遂行できないことに責任を感じて辞職するケースも少なくないのが現状だ。

5年ごとに実施されている総務省の2017年「就業構造基本調査」によると、過去1年間に家族の介護・看護のために前職を離職した男性は2万4000人で、40歳代、50歳代が41・7%を占める（女性は7万5100人）。12年の調査と比べ、女性が6100人減少したのに対し、男性は4100人増加した。過去5年間に離職した男性（12万5200人）のうち、17年10月の調査時点で無職の人は8万3000人（仕事に就いている男性は4万2200人）と66・3%に上り、介護離職した後に再就職することの困難を物語っている。

また育児休業に比べて注目が集まりにくい介護休業だが、家族を介護している男性労働者のうち、介護休業を利用したことのある人は7・4%（女性労働者は7・6%）。男女ともに非常に低い割合にとどまっている（総務省の17年「就業構造基本調査」の数値から算出)。先述の高井さんが介護離職した要因のひとつに、こうした介護休業を利用しにくい職場環境・風土があったことは言うまでもない。

誰かに家族介護の悩みを相談したり、他人を頼ったりすることが苦手な男性は多く、特に父親亡き後、母親と二人暮らしで在宅介護している場合、社会的に孤立して追い詰められ、高齢者虐待という悲惨な事態に陥るケースもある。高齢者を虐待する者の続柄については、息子が39・9%を占めて最も多くなっている(次いで、夫(22・4%)、娘(17・8%)の順。厚生労働省の20年度「『高齢者虐待の防止、高齢者の養護者に対する支援等に関する法律』に基づく対応状況等に関する調査結果」)。

社会関係資本に乏しい日本男性

三番目の事例の川谷さんも、母親亡き後もなおその大きな存在にすがり、交流する友人もなく、そんな暮らしを本人は「引きこもり」と称した。

母親のような女性を理想としていたが、結婚相手とはうまくいかずに離婚。再婚も念頭に、父親が他界後、二世帯住宅を建てて母親と二人で暮らしたが、母親が亡くなるまでの過程では仕事で出世コースから外れるという苦悩も抱えていた。川谷さんのケースは実際には〝引きこもり予備軍〟であり、小学校教諭になった甥に誘われて少年野球チームのコーチを務めるようになったことで、仕事以外では自宅に閉じこもっていた生活から脱出することができた。だが、あのまま定年を迎えていたらなおいっそう社会から孤立し、正真正銘の引きこもり状態となっていた可能性が高い。

内閣府が2018年に初めて中高年層を対象に行った調査では、自宅に半年以上閉じこもっている「ひきこもり」[※6]状態にある40〜64歳が全国で推計61万3000人に上り、男性が7割強（76・6％）を占めた。15〜39歳の推計54万1000人（15年調査）を上回り、引きこもりの高齢化が進んでいることが浮き彫りとなった。[※7]

第5章でも詳述するが、日本の男性は、人間関係のネットワークなど社会関係資本[※8]の少なさが突出している。社会関係資本の乏しさはおのずと社会的孤立に結びつく。ここでも、弱音を吐いてはならない、といった「男らしさ」の性規範に基づく古い価値観が影響を及ぼし、周囲からの評価を気にして他人を頼れなくしていると考えられる。

母親の要求に応じ、自らも母親に依存してしまう男性の背後には、個人の問題として片付けることのできない、社会の構造を問うべき課題がある。

《注》

※1　2022年国勢調査をもとに国立社会保障・人口問題研究所が算出している「50歳時点の未婚割合」は、男性は28・25％（15年は24・77％）と、3人に1人に迫る勢いで未婚化が進んでいる。女性（17・81％）の約1・6倍に上る。

※2　家族や周りの人の同情を買う、または必死に病魔と闘っている姿をアピールして満足感を得るため、病気であることを装ったり、自傷行為を繰り返したりする精神疾患。

※3　発展途上国の経済的・社会的に弱い立場にある生産者と、先進国の消費者が対等な関係で行う貿易。公正価格による原料や製品の購入、適正な賃金の支払い、労働環境整備を通じて、生産者の生活改善と自立を目指す。

※4　「国民生活基礎調査」は2020年を除き、毎年実施されているが、介護に関する項目は3年に1度となっている。

※5　「手助けや見守りを要する者」（調査用語）には、介護保険法による要介護・要支援の認定を受けている人のほか、障害や身体機能の低下などで歩行・移動、着替え、洗面、排せつ、入浴等に際して何らかの手助けや見守りを必要とする人や、意思疎通が困難な人も含む。推計値ながら実数でデータ化されているため、最も現状に近い数値として採用した。

※6　「ひきこもり」について、仕事や学校などの社会参加を避け、自室や家からほとんど出ない状態が6カ月以上続くことと、国は定義づけている。

※7　内閣府が23年3月、15〜64歳のひきこもり状態にある人が全国で推計146万人いると公表したが、こちらでは趣味の用事の時だけ外出する人を含めた「広義のひきこもり」の数を推計している。

※8　人や地域社会、集団などとのつながりから得られる資源などを指す。

第4章　「親」の代償を払わされる男たち

負の遺産を背負う若年層

親世代の負の遺産を背負わされ、思い煩う若い世代の男性たちが増えている。

初等、中等教育と「男女平等」教育を受けてきた男子学生たちが、それまで味わったことのない男としての苦悩に直面するのが、就職活動である。就活やインターンシップで企業の管理職らと接するなかで、「男らしく」あることを要求され、「平等」の理想とはかけ離れた社会の現実に戸惑う。

さらに社会人としてスタートを切ると同時に、親世代が築いてきた均質的で権威主義的、排他的な「男社会」の価値観を押しつけられる。多様性受容が求められている時代にそぐわないとわかっていながらも、企業という組織で生きていくために不本意ながら、旧態依然とした考え方を受け入れざるを得ない。そんな理不尽な現実を目の当たりにする。

若い世代の男性たちはどのようにして、旧態依然とした価値観に支配され、また親世代に代わって「男社会」のツケを払わされているのか。学生や若手社員の事例をもとに考えたい。

1 「就活セクシズム」の衝撃

古い「男」求められ「納得できない」

2017年夏、筆者が大学で授業を担当するクラスの学生である当時3年生の山本亮《やまもとりょう》さん（仮名）が、研究室を訪ねてきた。授業では積極的に発言し、落ち込んだ様子の同級生を見かけては悩みを聞いて励ますなど、クラスのムードメーカー的存在だった。

そんな彼の様子が普段とは全く異なる。伏し目がちに「突然すみません。相談したいことがあるのですが……」と切り出した。悩みの種は、就職活動で「男らしさ」を要求される、いわゆる「就活セクシズム」[※1]だった。

大学3年生の夏休みを利用した、あるメーカーでの1日のインターンシップでの出来事だという。

「本社内のいくつかの部署を見学して回った後、学生数人ずつのグループに課長、部次長など管理職と、入社5、6年目の若手の男性社員の3人ずつが加わって座談会が行われ、会社について尋ねたり、逆に質問を受けたりしたんですが……。『営業で外回りを続ける体力はあるか？』『仕事を取ってくるしぶとさは？』『同業他社に負けないガッツは？』と立て続けに問われて……。僕が体育会系じゃないので、頼りないと思われたんでしょうか……。僕にはない、昔ながらの『強い』男を求めている気がしてとても不快でしたし、自信が失せてしまったというか……」

サークルに参加せず、授業以外はアルバイトに時間を費やしていた。痩身でファッションに気を配り、この日も細身のTシャツにスキニーパンツ、銀のネックレスで決めていた。

あるがままに自由に学生生活を送ってきた山本さんにとって、自分が持ち合わせていない伝統的な「男らしさ」を要求されることに相当、ショックを受けているようだった。

座談会に同席した若手社員の男性も「まるで新興宗教の信者のよう」に見えたらしく、「偉いさんが言うことに深く頷いていて……ああ、自分はなりたくないと思った」という。

就活での学生への「男らしさ」の押しつけは、あってはならないことだ。だが、インターンシップを含めて就活中のセクハラは防止対策を厚生労働省が呼びかけているものの、民間企業が採用する社員に求める人物像に、男はこうあるべきといった旧来のジェンダー(性)規範が含まれていることに、学生側から異を唱えることは難しいのが実情だ。

「SNSで男性が不当に攻撃されていて嫌だな、日常生活で女性のほうが得していて不公平だな、とか思いますけれど、それは仕方がないと割り切っていた。でも今度は、古い男性像を就活で押しつけられるなんて、どうしても納得できないんです」

いつもは笑顔を絶やさない彼が眉をひそめ、「納得できない」と語気を強めた。

「おやじ世代の価値観を無理やり背負わされる」

当初は3年生の間にいくつかの企業のインターンシップを経験して、採用試験本番に備えたいと考えていた山本さんだったが、企業側から「男らしく」あることを求められた出来事を境に、ほかのインターンシップへの参加を取りやめてしまう。こちらから話しかけても、黙して語らず、4年生になっても、依然として就活に前向きになれない様子が見て取れた。

「就職して働かないといけないことはわかっているし、両親からもしつこく言われているんですが……不本意なかたちで、企業が求める型にはめられるのが怖いんです」

同級生が内定式を迎える秋になって初めて、内に秘めた思いを漏らした。

「それに……そのー……おやじが……」

言葉に詰まり、頬がピクピクと動く。もっと打ち明けたいことがあるのだが、うまく言葉にできない、もどかしさが伝わってくる。数分の沈黙を経て、こう明かした。

「おやじが……『最近の若者は根性がない、すぐに弱音を吐く』と、誰に言うともなく話すことが時々あったんです。まだ就活も始めていなかった頃だったから、それほど気には留めていなかったんですが……。就職して社会人になるというのは、おやじ世代の価値観を無理やり背負わされるということなのか、って思ってしまって……。その『根性がない』のが自分の息子だとわかったのか、おやじはもう、何も言わなくなりましたけれど……」

4年生になってからの就職活動でも、採用試験の面接で、彼曰く「上司の指示に従順な部下」「仕事を取るまで社に戻ってこないような根気強さ」など、旧来の「男社会」の価値観を押しつけられていると感じたという。また、管理職らしき中年の男性面接官が「育休を取るか?」という質問をした後、自分が答える前に、「われわれの時代には考えられなかったことだけどね」と育休をネガティブに捉える言葉を付け足したケースもあったという。

「社会には、こんなに裏表があるとは思いませんでした」——。

沈痛な面持ちで語ったこの言葉を、今でも忘れることができない。もっと早い段階から、社会の真の姿を少しずつでも伝えるべきだったのか。教員として、己の不甲斐なさを痛感しながら。

就職するも、苦境に立たされる

大学卒業までに就職内定を得ることを諦めかけていた2018年、4年生の年末、山本さんは3年近くアルバイトをしていたアパレルメーカーへの就職が決まった。勤めていたショップの店長（マネージャー）が日頃の働きぶりを評価し、本社に推薦してくれたらしい。

「アルバイトの立場にもかかわらず、2年目ぐらいから品ぞろえやディスプレイなどについて僕の意見を聞いてくれたりして、信頼している店長さんで……。就活で立ち止まっている僕を見かねたのか、『まずは正社員として働いてみろよ』って、背中を押してくれて……。実は好きな会社だっただけに、またショックを受けるのが嫌で、採用試験は受けていなかったんです」

同級生たちから遅れて採用内定を報告してくれた彼の表情には明るさが戻り、多少の不安は拭えないものの、前向きに社会人としてスタートを切ろうとする心持ちがうかがえた。

19年春に入社し、東京にある本社で約1カ月間、研修を受けた後、販売職として都心のショップに配属された。彼自身、希望していた職種だった。

だが、配属先などを知らせ、「頑張ります」という言葉で締めくくられたメールを送ってくれた後、こちらから何度連絡しても返信がない状態が続く。折しも、入社2年目で新型コロナウイルス感染症が拡大し、勤務するアパレルメーカーの店舗が入る大型商業施設などが軒並み、一時的に休業や時短営業を余儀なくされるという打撃を受けた時期でもあった。だが、コロナ禍の影響以外に、彼自身、何か苦境に立たされているような気がしてならなかった。

「ありのままの自分」で働きたいが……

そして2022年末、ようやく山本さんと会って話を聞く機会が巡ってくる。それも、「大阪に戻っています」という彼からのメール連絡がきっかけだった。

「仕事はどう?」

「………」

「やっぱり親御さんのもとに帰省すると落ち着くんじゃない?」

「すみません。あのー……1年ちょっと前に会社を辞めて、こっちに戻ってきたんです。先生から、入社して3年は仕事が大変でも続けるように言われていたのに……」

彼の話によると、入社後配属されたショップ店長と折り合いが悪く、わずか数カ月で本社の総務部門に異動となった。店舗での販売職に戻りたいと希望を出し続けていたが叶わず、自ら辞職したのだという。大阪に戻ってからは、父親の友人が経営する飲食店でアルバイトをしているらしい。

「本社勤務になってからも、なんか……そのー、現場からの意見を上げることもなく、会社の偉いさんの指示通り、毎日続く仕事が、就活での苦い経験とダブって見えてきて……。現場で頑張って、時間をかけて、ショップ、地域統括マネージャーや、本社の営業職などに就いて発言して、自分で会社の雰囲気を変えていく方法もあったと思うんですが、その時まで僕は、待てなかったんです。あのまま続けたら、3年生の時のインターンシップで、自分の意見を持たず、ただ上司の言葉に頷くだけだった、あの20代の男性社員のようになってしまう気がして……」

つらい出来事を語りながらも、表情は思いのほか落ち着いていた。

「これから、どうしようと考えているの？」

「そうですね。もちろん、今のアルバイトをずっと続けるつもりはありません。ただ……会社の古い価値観とか、『男らしくあれ』という押しつけとかから解放されて、ありのままの自分を生かせる仕事で働きたいと考えていますが、まだ見つけられていなくて……」

苦痛を脱したような面持ちは、すでに前向きな気持ちで一歩を踏み出しているためなのだと思いたい。説得力のある激励の言葉をかけることもできず、ただ一心に「あなたなら大丈夫」と心の中で願った。

2 上司の「常識」は社会の「非常識」

職場の理想と現実のギャップに戸惑う

2011年、不動産販売会社に入社して2年目の鈴木《すずき》蓮《れん》さん（仮名、当時24歳）は、自身が入社前の学生時代に日本企業の組織のあり方や職場の人間関係に対して抱いていたイメージと、入社後に日々直面している現実とのギャップについて、こう話した。

「どの企業も不況から脱出するために、人件費削減や業務の効率化などに真剣に取り組んでいると思いますし、僕が勤める会社ももちろん、そうです。リーマン・ショックの影響もあって1年上の先輩ほどではないにしても、僕たちの世代も就職活動は厳しかった。だから、入社式で社長の話にもあったように、『社内に新風を巻き起こし、新たな時代を切り開く人材』として期待を背負って入社し、その期待に応えるためにも精一杯頑張ろうと心に決めて社会人生活をスタートさせたんです。でも……実際に仕事が始まってみると、『風通しがよい』と聞いていた職場は上下関係が厳しくて、上司の言うことには『絶対服従』が当たり前。つまり古い価値観に支配されているんです。若手社員が意見を言える機会もありませんし……『こんなはずじゃなかった』という思いが正直なところなんです」

志望通り、入社1年目から営業部門に配属され、意気揚々と仕事を始めただけに、目の前の現実をなかなか受け止められず、戸惑いや不安を隠せない様子だった。

「あっ、すみません。せっかく僕のような新人社員の声を聞いてもらう機会をいただいたのに……。でも、職場の理想と現実のギャップに疑問を感じながらも、僕は若い力で会社を変えていきたいと思っているんです。そのためには、現実を直視しないといけないじゃないですか。だから、そのー、つい会社のネガティブな部分を話してしまって……愚痴のようになってしまって申し訳ないです」

「いえ、全然、そんなことありませんよ。若手社員の人たちが職場の課題を把握したうえで、改善に向けて取り組む姿勢はとても重要だと思います」

「そうですよね。理解してもらえて、よかった。まだごく少数ではありますが、少しずつ思いに賛同する若手社員の仲間を増やしていきたいと考えているんです。同期や入社年次の近い先輩、後輩、それから、僕の勤務する会社では、入社5年から10年ぐらいの社員がチューターになって若手社員を指導する制度があるんですが、そこで出会ったチューターの先輩にもいろいろと聞いてもらい、若手の力を集めてともに変えていこう、と言ってもらっていて……まだ漠然とはしていますが、何か突破口が開けるんじゃないかと希望を持っているんです」

鈴木さんはそう話すと、それまでの思い悩んだ表情から一転、明るい笑顔を見せた。

彼の会社で導入されているチューター制度は、もとは英国発祥で、日本では外資系企業が開始して以降、今では導入する企業が増えている。ただ、11年当時ではそれほど多くの企業が導入していたわけではなく、おそらく彼の会社は離職率低下や社内活性化、さらには生産性向上に向けて、社員の働くモチベーションを高めるという取り組みが進んでいたほうであったと考えられる。

少し学生時代の話し方や雰囲気を残しながらも、その純粋さが、古い価値観に囚われず、組織の改革に向けて果敢に挑戦しようという意欲に結びつき、何らかのかたちで実を結ぶのではないかと期待したものだった。

「生き残るために、古い価値観に従わざるを得ない」

しかし、鈴木さんが目指した若手の結集による組織改革は、思うようには進まなかった。各部にいる若手社員の仲間たちがそれぞれ、若手の意見を聞いてもらう場の設定を要望するなど上司に掛け合った。その際には、風通しの良い職場風土や業務効率化、生産性向上策などの具体策も提案したらしい。

若手による組織改革の大きな障害となったのは、古くから続く、画一的で権威主義的な「男社会」の価値観であったという。2015年、28歳になった鈴木さんが経緯を説明してくれた。

「入社してから日が浅い若手社員ほど、組織を変えていかなければならないという意識が高かったし、僕たち世代を中心に活動のスタート時は活気があったんです。ただ、月日が経つにつれ、管理職が視野に入ってきたチューターの先輩たちから一人、また一人と改革を目指すグループから抜けていき、今では僕たち30歳を手前にした入社5年を過ぎた社員たちからも、活動に拒否感を示す仲間が増えてきていて……。これって、結局は、変えていかなければならないと主張していた上司世代の古い価値観に、従ってしまっていることなんですよね。自分たちが会社で生き残り、出世していくために、好ましくないとわかっていても、従わざるを得ないという……。考えれば考えるほど、悔しくて、やるせないというか……」

そして、眉間にシワを寄せるなど、なおいっそう表情を曇らせてこう付け加えた。

「さらに苦しいのは、僕自身がそうだったように、今、会社の組織や人間関係に戸惑いや不安を感じている入社1、2年目の社員たちに、先輩として申し開きが立たないことです。本当に情けないですが……」

女性登用で改革への思いが復活

その後も、会社組織の古い体質を変えていこうという意欲が失せ、「僕たちの力では何も変えられない」「もともと無駄な抵抗だったのかもしれない」などと、ネガティブな言葉を口にすることが増えていった。

一方で、たびたび話題にするようになったのが、女性社員の管理職登用についてだった。２０１７年、古巣の営業を離れて、1年前から経営企画部門に配属されていた30歳の鈴木さんはこう主張した。

「女性活躍推進法が施行されてからというもの、十分な能力を備えていない女性社員が課長に昇進して采配《さいはい》を振るえず、職場が混乱するケースが増えているんです。これでは女性の有効活用どころか、生産性の低下にますます拍車がかかってしまいます。これは女性の能力開発に会社が力を入れてこなかったからで、つまるところは『男社会』の古い価値観に基づいた人事の負の遺産ということです。せめて女性社員が入社した当初から、指導的地位に就けるだけのスキルと経験を積ませる職務配置や研修などの対策ができればいいんですが……。管理職の上司や先輩がどれだけきめ細かに指導できるかも、とても重要だと思います」

女性登用という問題を通して、いったんは諦めかけていた、組織改革に対する熱い思いが復活しつつあるようにも見えた。

上司の「常識」に沿い、セクハラで告発される

しかし、この変革への思いは、想像だにしていなかった方向へと進む。鈴木さんは入社6年目の20歳代後半の女性社員から、セクハラで訴えられてしまうのだ。2019年、32歳の時だった。

出来事の半年後の20年、鈴木さんはインタビューに応じ、こう胸の内を明かした。

「自分でも気づかない間に組織の古い体質、つまり新たな時代では社会の『非常識』である、上司の『常識』が、僕自身にも染みついてしまっていたんでしょうね。世の中でセクハラ、パワハラ防止への意識が高まっているなかで、僕が旧態依然とした価値観の

もとで後輩の女性に対して行った指導は、組織文化というフィルターを通さずに見ると、そのまま、けしからん社会の『非常識』であり、制裁を加えられた、ということなんじゃないでしょうか」

コロナ禍のインタビューのため、マスク越しで表情を十分にうかがうことは難しかったが、社内調査でセクハラの事実認定がされ、戒告の懲戒処分を受けてからまだ半年しか経っていないにしては、まるで他人事のような淡々とした様子だった。

「後輩の女性社員に対して行った指導とは、どういうものだったのですか？」

「…………」

「ご自身としては、セクハラとは認識していなかったということなのでしょうか？」

「……実は……今でも、わからないんです。僕をセクハラで訴えたのは、僕がチューターでついた、当時入社2年目だった女性ですが、彼女はもともと風通しの悪い社風に対して疑問を持っていました。一時期、会社を変えようと動いていた仲間の一人でもあったんです。『20代のうちに営業で経験を積んで、いずれは管理職に就きたい』と言うので、厳しく仕事のノウハウを叩き込んだんです。その後、経営企画部で僕の直属の後輩となり……昼夜、週末問わず連絡し、呼び出して仕事の進捗を報告させ、注意や助言をしたこともあったんです。それで……1カ月ほど過ぎた頃、人事部から連絡があって……。寝耳に水、である一方で、普通に、つまり社会の『常識』で考えれば、そうだよな、とも思いました」

鈴木さんも、彼を訴えた女性も、ともに未婚。人事部を通して聞いた彼女の訴えによると、業務時間外に異性の先輩から執拗に連絡を受けて呼び出しまで受け、不快感とともに、身の危険を感じた、ということだった。

セクハラで訴えられた1年半後、22年度の定期人事で、鈴木さんは総務部門に異動となった。23年の初春、改めて思いを語った。

「希望が叶う可能性は低いかもしれませんが、人事部への異動希望を出しているんです。セクハラで訴えられた出来事はつらかったですが、訴えた彼女も相当、悩んだのだと思います。その後も似たような案件はパワハラも含めて起こっているようですし、ハラスメントの防止をはじめ、適正な女性登用の推進、さらには風通しの良い職場の人間関係づくりに、人事部で取り組めないかと思いまして……。今もなお、会社の本音と建て前の存在を理解できていないままですが、せめて理解できないままでいることが重要なんじゃないかと自分に言い聞かせています。いつかまた、同じ志の仲間とともに抵抗し、会社を内側から改革することにわずかな望みを託しています」

こころなしか、頬が赤らんでいるように見えた。

3 「男は仕事、女は家庭」両親は反面教師のはずが…

「男女平等」志向は両親への反発

女性活躍推進法が全面施行された2016年、専門商社に入社したばかりの三沢《みさわ》琢磨《たくま》さん（仮名、23歳）は表情豊かにはきはきと、やや大振りのジェスチャーを交えながら、職場と私生活における男女関係のあるべき姿について話した。

「ますます女性が職場で能力を発揮できる機会が与えられるようになったのは、とてもいいことだと思います。男女平等であるべきなのは当然です。これまでそうじゃなかったのが問題ですもんね。女性だけがラッキーなんじゃなくて、男だって長年、下駄を履かされて採用され、チャンスを与えられてきたのが、対等に変わったほうがやりがいもあるというもんですよ。もちろん、私生活においても、男女は対等であるべきだと考えています」

そう開口一番に語ると、満足げに胸を張った。入社して半年、まだ学生気分が抜けない面もありながら、社会人一年生としてはつらつとしていたのが印象に残っている。

おそらく男性の新入社員の多くがこう答えたであろう内容ではあったが、彼の場合は、両親の関係性への反発、つまり父母の夫婦関係を反面教師とする考えが強く背景にあることを自らユーモアを交えて熱く語ってくれたところが、他の取材対象者とは異なっていた。

「僕の父親は典型的な亭主関白、頑固おやじで、今の時代では〝天然記念物〟といえるような代物です。母親は短大卒業後、事務職の仕事をしながら花嫁修業をして、24歳で見合い結婚してからずっと家庭を守り続けている専業主婦で、いわゆる良妻賢母っていうやつですかね。僕は、弟との二人兄弟で、『お前は男なんだから、長男だから、しっかりしろ！』と父に言われ続けて育ったんです。正直、プレッシャーでしかなかったし、学校や社会で一般的に言われている男女平等とはかけ離れていて、いつも不思議だった。だから、自分はいつも女性とは対等でいたいと思っているんです」

「女性」と口にした時、少し目線を上げ、はにかむ表情を見せた。

切磋琢磨も、私生活では歯車に狂いも

三沢さんは入社時から2年間、人事部に所属した後、2018年、入社3年目で希望していた営業部に異動となった。そして、仕事だけでなく、私生活でも幸運が訪れるのだ。

最初のインタビューの後、2度会って話を聞いていたが、彼女ができたことを教えてくれた18年の取材では、25歳になった彼の表情はいつにもまして明るく、晴れやかだった。

「今、お付き合いされている女性がいらっしゃるのですか？」

挨拶を交わしてから単刀直入に尋ねてしまったことに、口に出した後に気づいてやや

戸惑ったことを思い出す。

「えっ、あっ……。奥田さん、いきなりですか。やっぱり、わかりますかね。彼女、いますよ。やっとできたんですよ。社会人になってから初めてできた彼女なんです。それに……実は、そのー、同じ会社の社員で、社内恋愛ってやつなんですよ……う、ふふ……」

言いにくそうというよりは、もったいぶっているといったほうが近い口ぶりだった。

3カ月ほど前から交際している彼女は同期入社で、入社時から気になっていたらしい。三沢さんより1年先に営業部で仕事をしていて、所属する課は異なるものの、複数の課が一緒に取り組むプロジェクト事業で一緒に仕事をするうちに親しくなったのだという。

「仕事で互いに切磋琢磨しながら、成長していけたらいいね、っていつも話しているんです。もちろん2人ともいずれは管理職に就いて、事業計画や経営などの重要な意思決定に関わりたいと考えています。『高みを目指して、見たことのないような景色を見てみたい』っていうのが彼女の口癖で、上を目指して頑張っていてすごいなと尊敬しちゃいますね」

「まだ2人とも20代半ばで若いですが、将来のことを話し合ったりもするんですか?」

ほんのわずかではあったが、彼が言葉に詰まる。それまでが流暢《りゅうちょう》に話していたために、より際立った感があった。

「……そ、そう、ですね。けっ、こん、とかですよね。男性のほうが先に考えておかないといけないことですもんね。一般的に、女性はプロポーズを待っている側のはず、だから……。でも、僕たちは、そのー、なんというか……。うん、まあ、彼女はまだまだ、若いうちに仕事でやりたいことがあるようですし……結婚は、そう焦ることはないかと思っているんです……」

晩婚化が進む日本社会において、年齢的に時期尚早なのは当然だ。質問そのものがタイミングを外していたかもしれない。もしスムーズに答えてくれていたら、同じ内容であってもそう思えただろう。しかし、彼にしては歯切れの悪い答え方だった。彼女との歯車がかみ合っていないということなのか、疑問を抱きながらも、この時の取材では核心に触れることはできなかった。

仕事優先の彼女との別れ

それから2年後の2020年春、2人は別れを選択する。

ただ、18年のインタビュー以降、数回にわたって話を聞くなかで、三沢さんは彼女について、「仕事が大切なのはわかるが……」「僕のことをどう思っているのか、だんだんわからなくなってきた」などと、次第に気持ちに距離を感じ始めていることがうかがえた。彼は別れを予感していたのかもしれない。

20年秋、コロナ禍の対面取材のため、マスクをつけたままの会話となり、十分に面持ちをうかがうことはできなかったが、それでも、彼の表情は暗く、いつものような熱さが鳴りを潜めていたことは明白だった。一言ひと言、言葉を選びながら、ほとんど抑揚のない口調でこう経緯を打ち明けた。

「彼女がニューヨーク支社に転勤することになって、その直前に別れました。実は、付き合うようになって半年ぐらい過ぎた頃には、何となく、彼女は僕よりも仕事が大事なんだろうな、と思い始めていたんです。でも、それが直接別れの原因になったのではありません。むしろ、自分にも男として古い考えがあることを自戒を込めて認識した。彼女と切磋琢磨しながら成長したい、なんて張り切っていた自分でも、実際に恋人が仕事を優先しているのを目の当たりにすると、戸惑ってしまうんだなと……。本当の意味での『男女平等』を仕事でもプライベートでも目指すなら、乗り越えなければいけなかったんですが……で、そのー……」

海外赴任を競い、負ける

決定的な理由はほかにある。そう直感した。うつむき加減で疲れた様子の彼には酷だったかもしれないが、あえて問うてみた。

「彼女の海外赴任が決まるまでのプロセスで、2人の間で何か理解し合えない部分があったんでしょうか?」

「……やっぱり、鋭いですね……」と話し、またしばし言葉に窮する。答えてはみたものの、事の経緯と本心を明かすかどうか、逡巡《しゅんじゅん》しているようにも見えた。

「すみません、なんか、自分が男として情けなくなってしまって……言い出せなかったんですが……。彼女は付き合い始めてから2、3カ月経った頃から、僕に内緒で北米の支社への異動希望を出していたことを別れる直前に知りました。海外で仕事をしてみたいという彼女の意思は尊重したいですし、そのこと自体が問題なんじゃないんです。どうして、そのー、僕に黙ったまま2年近くも、つまり赴任が決まるまで平気で過ごすことができたのかと思うと……悔しくて、つらくて……。たぶん、海外赴任の話が前に進みそうなので、僕が気を悪くするんじゃないかと、気を遣っていたのかもしれませんね」

「というと……」

「僕も、彼女と同じように北米の支社への赴任を希望しているんです。彼女と付き合う前、入社2年目のまだ営業に異動する前からのことです。僕のほうは、30歳になる前に一度、海外赴任を経験したいとか、彼女によく話していましたが、彼女は海外に興味があることさえ、口に出さなかった。帰国子女のうえ、外国語大学で学び、語学と海外の文化には長《た》けている同期の彼女と競い合ったら、僕に勝ち目がないのは一目瞭然です。それで、彼女からニューヨーク行きが決まったと聞いた一週間後、2人でお祝いをしたその場で、僕のほうから別れを切り出しました。彼女もそのつもりだったのは、薄々勘づいていましたので……」

両親の夫婦像の影響を受ける

彼女と別れてから2年半、三沢さんは未婚で、23年冬、30歳の誕生日を迎える。営業部で地道に努力を重ねて実績を積み、上司からも一定の評価を受けているという。ただ、いまだ海外赴任の希望は叶っていない。2023年春、こう振り返った。

「ちょうど元カノは今年あたり、海外から本社に戻ってくるでしょうから、それまでに僕も北米やイギリスなど英語圏の支社に赴任したいのですが、どうも現状では無理そうです。やっぱり、彼女をライバル視してしまっていたんですね。ともに仕事で頑張って上を目指しつつ、恋人として愛を育み、結婚へと、うまくコマは進まなかったわけです。それは……僕が、『男女平等』と言いながら、奥さんになる人には働いてもらってもいいから、家庭を守り、仕事で疲れた僕を癒してくれるような女性を求めているからなんでしょうね。もうお気づきでしょうが……結局は、反面教師としていた両親の『男は仕事、女は家庭』的な夫婦像の影響を受けているのだと思います。もどかしいですが、しょうがない。事実ですから」

重大な告白であった。そんな自身の心の葛藤を、時間をかけてある程度、自分なりに整理できたためなのだろうか。言い終えた彼の表情は、清々しいように見えた。

4　若年層を蝕む古い価値観

4人に1人が就活セクハラ経験

「男女平等」を当たり前のこととして捉えてきた若者たちにとって、就活で不意に「男らしさ」規範を押しつけられて困惑するのは当然のことだろう。彼らにとって最も身近なジェンダー問題は、自身が経験し、または先輩から聞いた、就活をめぐるセクシズムやセクハラなのだ。筆者が授業や講演会、研究活動などで学内外の学生たちと接するなかでも、不満や不安、怒りを訴えるケースが少なくない。

無論、男性だけが直面する問題ではない。だが、世の中では、女性に対するセクハラ防止への意識が高まり、また「女らしさ」を求めることは時代錯誤で男女不平等である

図4　就活セクハラの内容(男女別)

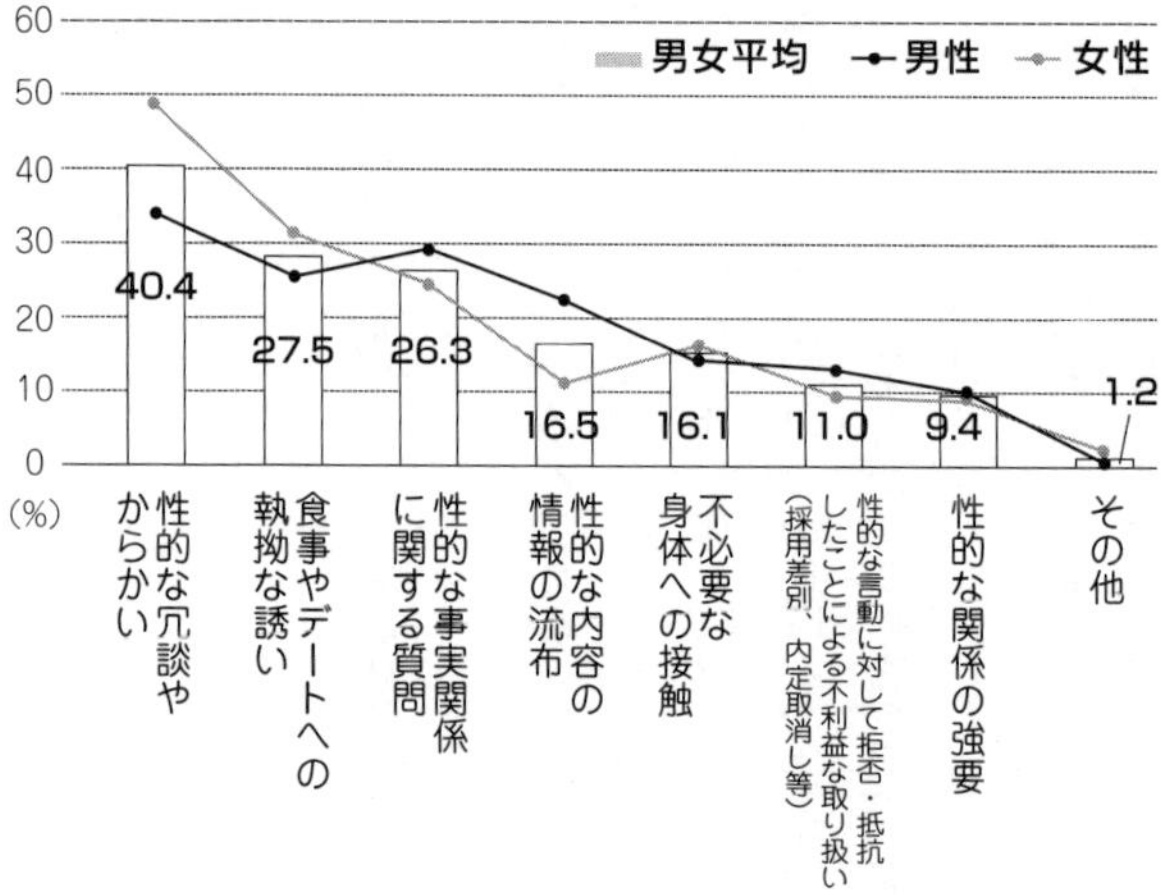

出典 :「就活等セクハラ」(2020年度「職場のハラスメントに関する実態調査」内。厚生労働省)

といった認識が広がっているため、女性よりも男性のほうが就活セクシズムや就活セクハラに遭い、追い詰められているケースが多いと取材、調査から実感している。

第5章で詳述するが、性規範からの逸脱に対する許容度が男女で非対称であること、つまり男性のほうが性規範に沿えないことに対して厳しい世間の目にさらされていることが関係しているように思われる。親世代が男性優位社会で特権を保持してきた〝支配の代償〟を世代を超えて、若年層の男性が払わされているといえるのではないだろうか。

厚生労働省の2020年度「職場のハラスメントに関する実態調査」では初めて、就活セクハラに関する調査項目が設けられた。それによると、17年度から19年度に就活とインターンシップを経験した学生（大学生と大学院生）男女合わせて1000人を対象に、セクハラ経験を尋ねたところ、4人に1人（25・5％）が経験したことがあると回答し、男性（26・0％）のほうが女性（25・1％）よりも経験者が多かった。受けた就活セクハラの内容では、男女ともに性的な冗談やからかい（男女平均40・4％）が最多だった（**図4**）。

「男」を否定され、一方で「男らしさ」を求められる

就活でのセクシズムやセクハラと同時進行し、そのつらさを増幅させているのが、男子学生の多くが苦い思いをしてきた「ツイフェミ（ツイッター・フェミニズム／フェミニスト）」に代表される、ツイッターなどのソーシャルメディアを活用した、女性を虐げている存在としての男性への激しい非難である。

最初に紹介した山本さんが「SNSで男性が不当に攻撃されている」と不快感を露わにしたのも、このツイフェミのことだ。ソーシャルメディアが隆盛する時代において、SNSを使いこなす主体でもある若い世代の男性たちにとって、このような「男であること」自体に非難を浴びせられることは耐え難いのではないか。

これとは逆に、就活では「男らしさ」を求められ、性的な冗談やからかいに遭う。つまりある場面では男であることを否定され、またある場面では男であることを求められるという、「男」をめぐる相反する経験を同時にしていることが、さらに若者たちを追い詰めているのである。

ちなみに、現在のフェミニズムは、2010年代に始まるSNSを積極活用した第4波に入っている。フェミニズムの本来の目的を超え、男性差別につながる攻撃的な発言をしたり、意見が異なる相手との対話を拒否したりするなど過激化している背景には、エコーチェンバー現象[※2]もあると考えられる。

新旧価値観の狭間でもがく

二番目の事例では、社会人になってから理想と現実のギャップに苦しむ鈴木さんが、会社で生き残り、出世していくために、「上司世代の古い価値観に従わざるを得ない」精神的苦痛を明かした。上司の「常識」に従ったその先には、後輩の女性社員からセクハラで訴えられるという惨事が待ち受けていた。

最後に紹介した三沢さんは、「男は仕事、女は家庭」という明確な性別役割分担により、亭主関白な父親と家庭を守る専業主婦の母親の姿を反面教師に、仕事も私生活も「男女平等」を目指したものの、結局はキャリア志向の彼女との別離を選び、実は両親の夫婦のあり方に自身が影響を受けていたことを思い知る。

この二つの事例は出来事の主たる場面が職場か私生活かの違いはあるものの、いずれも親／上司世代の価値観の影響を色濃く受けていた。そして2人とも、社会人になって間もない頃は、「男はこうあらねばならない」「男女（夫婦）関係はこうあるべきだ」といった性規範、性別役割規範に沿った古い価値観に否定的であり、変えていかねばならないと考えていた。しかし、30歳前後でそうした固定観念と自身が無縁ではない、むしろ決別したくてもできない状況にあることを悟り、さらに苦悩を深めていく。

新旧の価値観の狭間でもがく若年層の男性たち。さらに第5章でその社会的、心理的背景を探ってみたい。

《注》

※1　就職活動中の身なりや態度、仕事に対する姿勢、メンタル面などに関し、企業など採用する事業主側が、学生に「男らしさ」や「女らしさ」という性規範、性の多様性を度外視した性別二元論を押しつけることを指す。

※2　ソーシャルメディアの閉鎖的なコミュニティー内で、同じ意見の人々とコミュニケーションを繰り返すことで、自分の意見が増幅、強化される現象。

第5章　誰も支配されない社会に向けて

1 「男らしさ」の呪い

「生きづらさ」と性規範の枷

人生におけるライフイベントやキャリアの節目などで、人々が直面するさまざまな困難や苦悩が、「生きづらさ」という言葉で語られる機会が増えた。生きづらさは社会構造を問うべき課題として、筆者は捉えている。

しかしながら、生きづらさをめぐる情報がマスメディアを介してオーディエンス（情報の受け手）に伝わり、さらに社会に広まるプロセスで、生きづらさの要因が単純化され、問題の所在が曖昧になるケースが散見される。

支配する男性と支配される女性、不平等の被害者はすべて女性——といった男女間権力構造に象徴される報道がそのひとつである。この点については、「男らしさ」のジェンダー（性）規範の呪縛とその背景・要因を整理した後、詳述する。

本書では第1章〜第4章で男性の生きづらさについて、支配される側にいる男性に焦点を当て、女性、男性、母親、親／上司世代を支配者側として、継続取材事例を紹介しながら、その社会的、心理的背景を考察してきた。

まず、長期にわたる継続的な取材・調査を通して顕著だったのが、生きづらさを抱く男性の増加である。これは意識調査からも明らかになっている。

電通総研が２０２１年に実施した「男らしさに関する意識調査」（日本全国の18〜70歳の男性３０００人対象）によると、「最近は男性のほうが女性よりも生きづらくなってきていると思う」という設問に対し、男性の51〜70歳が51・９％、31〜50歳が51・３％、18〜30歳が50・９％がそれぞれ肯定し（「そう思う」と「とてもそう思う」の合計）、年代にかかわらず、生きづらいと感じている男性が過半数を占めた。

そして、生きづらさの根底にあるのが、男は「出世競争に勝ち、社会的評価を得なければならない」「一家の大黒柱として妻子の経済的・精神的支柱であるべきだ」「弱音を吐いてはいけない」といった旧来の「男らしさ」の性規範である。

図5　日本男性の「仕事における競争意識」「家庭における性別分業観」「感情表現」

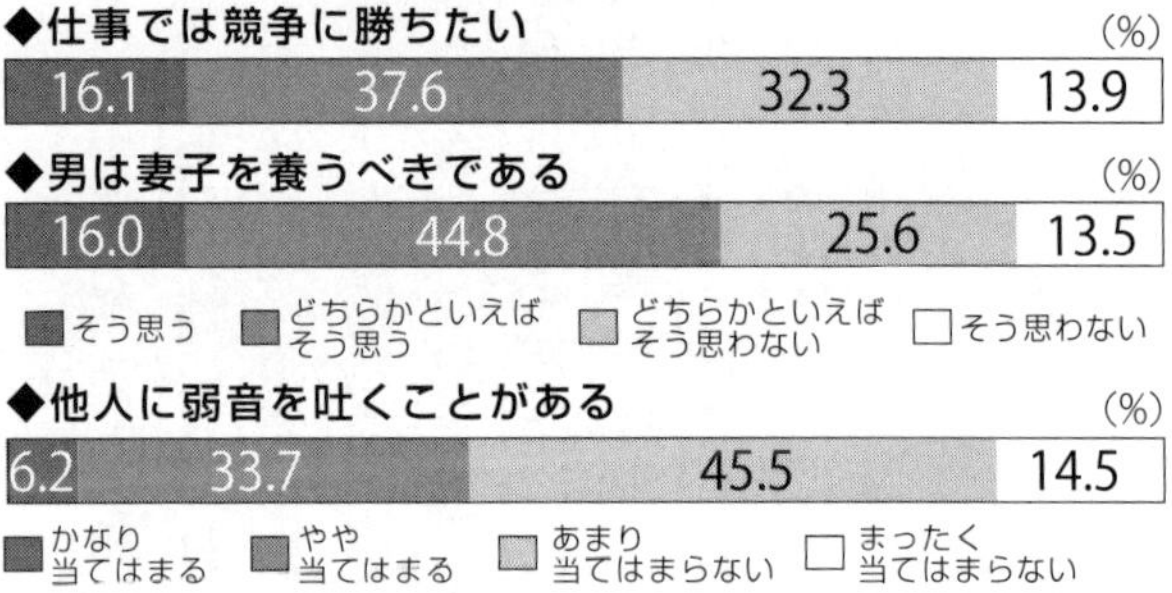

出典：笹川平和財団「新しい男性の役割に関する調査報告書」2019より抜粋

笹川平和財団が19年に公表した「新しい男性の役割に関する調査報告書」（20〜69歳の5000人対象。平均年齢は42・5歳）によると、日本の男性の53・7％が「仕事では競争に勝ちたい」、60・8％が「男は妻子を養うべきである」（いずれも「そう思う」と「どちらかといえばそう思う」の合計）と答えた。ほかにも、「他人に弱音を吐くことがある」が「当てはまらない」（「あまり当てはまらない」と「まったく当てはまらない」の合計）という回答が60・0％を占め、いまだ固定的な「男らしさ」を支持している男性が多いことが浮き彫りとなっている（図5）。

管理職に就いた妻と昇進できない自分を比

較して、「男として情けない」（第1章）、定年後の再雇用で、「権力を失い、奈落の底に突き落とされた」（第2章）、母親の介護を介護サービス事業者に任せられなかったのは、「他人を頼る弱い男と見られたくなかった」（第3章）などの取材対象者の語りは、男たちが「男らしさ」規範にいかに縛られているかを物語っている。その呪縛は今や、男たちの心を縛り、精神的に追い詰める「呪い」にまで化しているといっていいだろう。

日本では、社会・経済構造の変化により、管理職ポストに就けないばかりか、給料が伸び悩むなどして、「男らしさ」を実現できず、思い煩う男性が増えている。特に女性活躍推進法施行以降、ポジティブ・アクション（積極的差別是正措置）により、女性の管理職登用などで女性に活躍の場を奪われたと感じ、苦しみを募らせる男性も少なくない。

男たちは女性や一部の男性、母親たちから支配されている。と同時に、自らに「男らしさ」の枷《かせ》をかけ、己の中にある「男はこうあらねばならない」という性規範に支配されている。つまり、自分で自分を支配し、「男らしさ」規範を具現化できない己を、さらに性規範の実現が困難でもなお、「男らしさ」を志向し続ける己を、窮地に追い込んでいるのである。

中高年男性の社会的孤立のリスク

男性の中でもこうした性規範に起因する生きづらさが顕著なのが、日本型の価値観を堅持する中高年層である。

先述の電通総研の調査（21年）では、「自分が抱える心配や不安、問題についてたくさん話す男性は、真に尊敬されるべきではない」という項目について、肯定的な回答（「とてもそう思う」と「そう思う」の合計）をした割合は、51～70歳で42・3％を占めた（31～50歳は33・5％、18～30歳は34・6％）。「人生の個人的・感情的な問題について気軽に話せる友人がいる」で肯定的な回答（同）をした割合は、51～70歳が48・6％、31～50歳が52・0％、18～30歳が65・0％と、年齢が上がるほど低下している。

内閣府が20年、日本と米国、欧州2カ国（ドイツ、スウェーデン）の計4カ国の60歳以上の男女約5000人を対象に、「親しい友人の有無」について尋ねた調査では、「（同性・異性の友人が）いずれもいない」という回答は、日本の男性は約4割（40・4％）に上り、日本の女性（23・0％）や、他の3カ国の男女（9・8％～18・8％）よりもはる

図6　親しい友人の有無に関する国際比較(60歳以上男女)

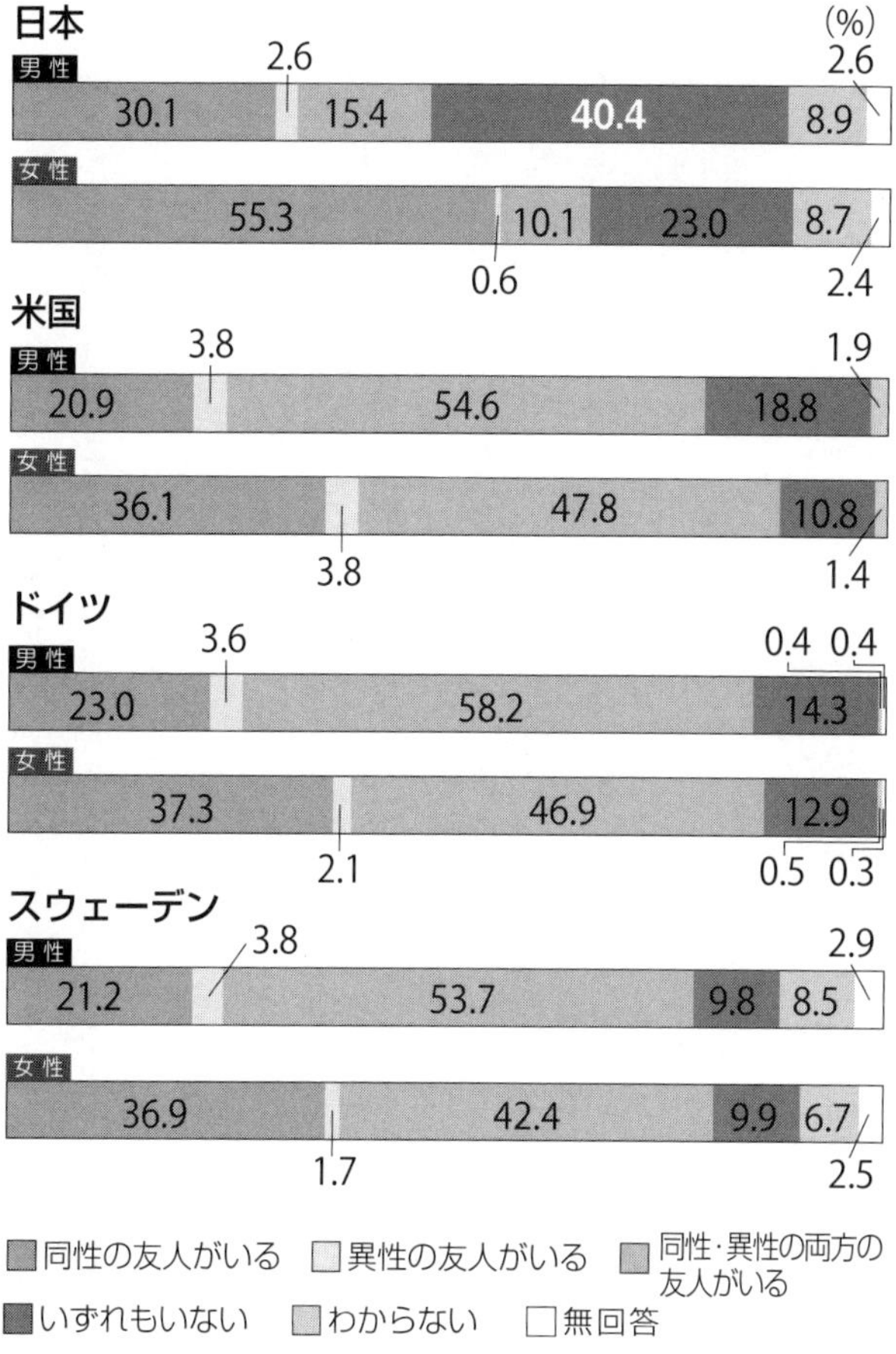

出典 :2020年度「第9回高齢者の生活と意識に関する国際比較調査」(内閣府)

かに多かった（20年度「第9回高齢者の生活と意識に関する国際比較調査結果」）（図6）。日本の中高年男性の社会関係資本の少なさは突出しており、社会的孤立の背景にも、「男らしさ」規範が影響していると考えられる。

2　幸福度の低い日本の男たち

平等の恩恵を受けられていない男性の増加

日本ではジェンダー問題というと、女性が差別を受けている側として捉えられる。男女間の賃金格差や女性の非正規雇用の多さ、管理職に就いている女性の少なさなど、確かに女性が性別による格差問題の当事者になっているケースは幾つも存在し、格差是正などが重要課題であることは言うまでもない。[※1] ちなみに、役員を除く女性雇用者総数のうち、「非正規の職員・従業員」数は53・4%を占める（総務省「労働力調査」2022年平均）。男女の賃金格差は主要7カ国（G7）で最も大きく、管理職に占める女性の割合はG7で最下位である（労働政策研究・研修機構「データブック国際労働比較2022」）。

女性が男性との比較において、賃金や雇用形態、事業計画や経営に関する意思決定を行う管理職の数などで劣っている現状を踏まえ、積極的にジェンダーギャップの是正措置を図っていくことがジェンダー問題解決の主軸であることは変わりない。

しかしながら、第1章の事例でも紹介した通り、男性の中にも平等の恩恵を受けられていない人々が存在し、そうした男性が近年ますます増加している現状を直視しない限り、真のジェンダー平等の実現は難しいだろう。長い間、女性を虐げてきた男性優位社会を問題視したうえで、性規範を具現化できないためにつらい思いをしている男性たちが現にいる事実と真摯《しんし》に向き合うべきだと考えるのである。

無論、女性を抑圧してきた男の特権を棚上げし、その代償だけを強調することなどあってはならない。「男らしさ」を実現できずに苦悩する男性に男の特権を復権せよ、と筆者は主張しているのではない。ただ、男たちが背負っている代償を度外視することもまた、ジェンダー平等に反するのではないだろうか。

報道だ。

社会問題と見なされない「男性の生きづらさ」

男性が加害者、女性が被害者という短絡的な見方に拍車をかけているのが、メディア報道だ。

例えば、ジェンダーギャップ指数※2（世界経済フォーラム発表）に関する報道は、日本女性に対し、ジェンダー不平等の〝被害者〟というレッテルを貼り、「生きづらさ」の象徴としての女性像を流布している面も否めない。

確かに同指数において、日本は経済（121位　0・56）と政治（139位　0・06）の分野で順位がかなり低いが、教育は1位（指数は1で、男女平等が完全に実現できていることを示す）を誇る（22年7月公表、146カ国中）。ちなみに、世界経済フォーラムは、企業組織の活性化、安定した経済成長などの視点から、ダイバーシティ（多様性）やインクルージョン（包摂性）を掲げており、人権、ジェンダー問題をメインとする団体ではない。

一方、複数の国際調査では、日本では男性のほうが女性よりも劣っている（客観的指標）、またつらい状況にある（主観的指標）ことが明らかになっているが、新聞やテレビ

図7　ネガティブな感情バランスの男女格差

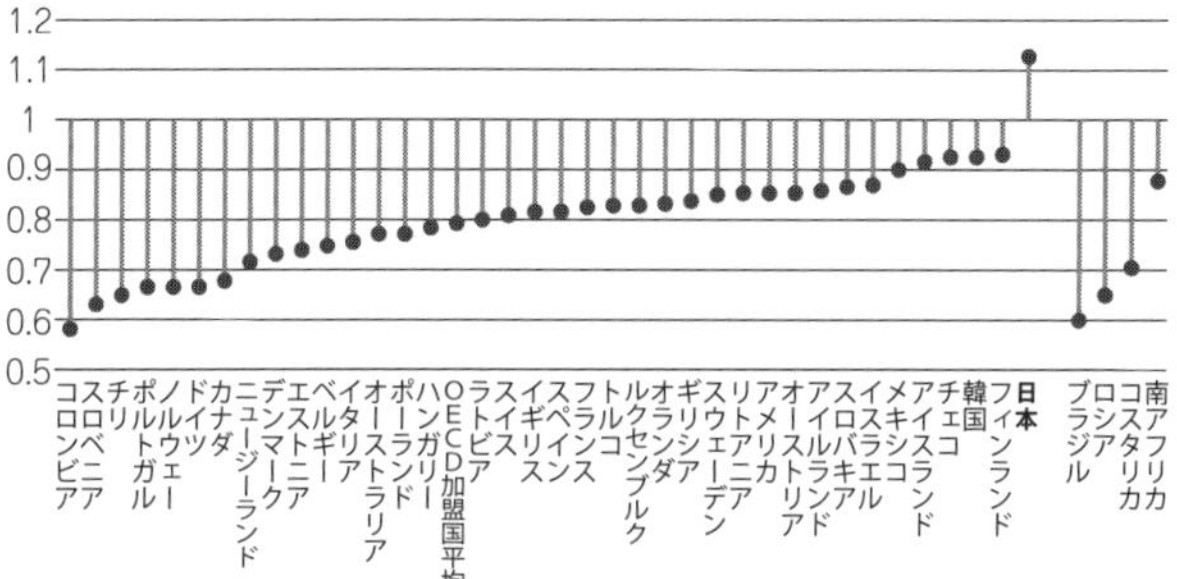

● 男女格差（女性の割合に対する男性の割合の比）
—— 平等線

出典 :OECD「幸福度白書」2020

ニュースで報道されることはない。

ＯＥＣＤ（経済協力開発機構）の「幸福度白書」（*How's Life? 2020: Measuring Well-being*）の一部の項目では、日本は男性の幸福度が女性よりも低いことが明らかになっている。主観的幸福や健康[※3]などの項目がこれにあたる。

例えば、同白書の「主観的幸福の不平等」では、ＯＥＣＤ加盟国に主要パートナー国などを加えた計41カ国（コスタリカは21年に加盟）を対象に、「ネガティブな感情バランスの男女格差」を調べたところ、日本は唯一、男性のほうが女性よりも、ネガティブな感情（怒り、悲しみ、心配など）を抱くことの多い国で、女性に対する男性のスコアの比（男性÷女性）が1・14だった（男性7・9%、女性6・9%）。他の調査対象国はすべて、女性のほうが男性よりもネガティブな感情に陥ることが多く、スコアは1未満。日本は世界の傾向に反しているのだ（図7）。ちなみに、ネガティブな感情バランスの指標[※4]で、日本は男女ともにOECD加盟国平均（13%）を下回っている。

総じて、男性の生きづらさは日本では社会問題として認識されず、政策議論の俎《そ》上《じょう》に載ることも皆無なのである。

男性にもジェンダー平等が必要

このように、公的、私的両領域における男性と女性の関係性を見ていくと、男性が女性を支配する、女性が男性に虐げられているという、旧来の力学、構造で単純化して語ることは、もはや不可能である。

男性にも、ジェンダー平等が必要である。女性は男性優位の社会構造のもとで抑圧されてきたが、男性も女性や他の男性に対して優位に立ち、強く、権威を保持しなければならないという社会的プレッシャーのもと、長時間労働や私生活の犠牲を強いられ、性規範からの逸脱に対する厳しい世間の目にさらされてきた。

さらに、女性活躍推進法をはじめとするポジティブ・アクションが進行するなか、過剰な女性優遇が男性に対する差別に発展し兼ねないリスクがあることも看過できない問題だ。

女性活躍推進法に基づいて策定が義務付けられている行動計画には、女性管理職などの数値目標（実数、割合など）を設けるクオータ制が採用されている。クオータ制は、積極的に差別是正を図るためのひとつの手法だ。しかし、運用面において数値目標を達成するためだけの〝数合わせ〟の女性登用が増えている実態を取材、調査を通して目の当たりにした。「差別是正」の名のもとに能力が高くても排除されてしまう男性だけでなく、必要な能力が備わっていなくても下駄を履かされて管理職に登用される女性自身にとっても好ましいことではない。

実際に、能力不足であるにもかかわらず、管理職に登用された女性が采配を振るえず、職場のコミュニケーションが停滞して部下一人ひとりの職務遂行能力が低下し、職場のみならず、企業全体の生産性損失につながるケースや、部下へのパワハラなどハラスメント行為に発展するケースまである。女性が若手社員の時代から、将来的に指導的地位に就くために必要な能力を身につけられるような職務配置や能力開発、人事評価を積み重ねるなど、人事管理制度の改革が欠かせない。

本来、ポジティブ・アクションは性別や人種などによる不平等をなくすための暫定措置であり、女性の優遇を前提としているわけではないことを第1章でも述べた。

それを象徴する事例がフランス・パリで起きた。CNNニュースが20年12月に報じたところによると、女性管理職が多すぎるという理由で、パリ市に罰金が科せられたという。パリ市が18年に管理職登用した16人のうち、11人を女性が占め、管理職登用で男女いずれかが占める割合が60％を超えてはならないというソヴァデ法（13年制定）に基づく規定（19年の法改正で雇用主への罰金は廃止されたが、問題の登用は法改正前のために罰金対象となった）に反したためだ。女性管理職を増やす政策を推し進めている日本から見ると違和感を抱くかもしれないが、性別にかかわらず不均衡を是正する本来のポジティブ・アクションを遂行したまでのことなのだ。

すなわち、真のジェンダー平等を実現するには、多角的な視点で考えていく必要があるのである。

次に述べる男性間の権力関係と同様に、女性にもライフスタイルの多様性だけでなく、さまざまな差異、格差がある。当然、すべての女性が「優遇」を受けているわけではない。これを女性間の階層、支配構造と捉えることもできるだろう。

3　男性間の支配構造

覇権的男性性と従属的男性性

男性の生きづらさを考えるうえで見過ごしてはならないのが、第2章で紹介した男性に蔑まれる男たちの存在、すなわち男性の間にも権力構造があり、支配する男性と支配される男性がいるという視点である。

オーストラリアの社会学者、レイウィン・コンネル[※5]は、従来、対女性の構図で単一の集団として論じられてきた男性性の複数性と、男性間に存在する階層に着目したジェンダー理論を展開し、主要な概念として、「覇権的男性性」と「従属的男性性」を提唱した。

コンネルは著書*Masculinities*において、「覇権的男性性」とは、「男性の支配的位置と女性の従属を保証する（と考えられる）、家父長制の正当化の問題について、今のところ一般に受け入れられる答えを具現化するジェンダー実践の形態」という（Connell 1995: 77［筆者訳］）。すなわち、男性間の権力の構図を明示しただけでなく、権威的な男性性が旧来の男性による女性の支配を正当化しているという力学を、ひも解いて見せたところに特徴がある。

覇権的男性性は、旧来の「男らしさ」が該当し、出世して高収入を得て社会的に評価されているなど支配的な立場にいる男性に象徴される。一方、従属的男性性は、そうした男性像を具現化できない周縁的な立場の男性が保持している。すなわち、「男らしくない」、支配されている側の男性である。そしてさらに重要なのは、覇権的男性性は、当の支配的な男性だけでなく、従属的な立場の男性、さらには女性や社会からも、規範的な男性像として支持されていることにより、男性による女性の支配が正当化されているという点である。

これらの概念・理論を本書に登場する男たちに当てはめて考えてみよう。まず「男らしさ」規範を実現できずに苦悩しているにもかかわらず、依然として「男らしさ」を志向してその呪縛から抜け出せないでいたのは、覇権的男性性を支持する従属的な立場の男性のケースといえるだろう。

また、女性側からの「男らしさ」実現の要請があり、それが男性の生きづらさに拍車をかけている面もある。表向きは男性に仕事を優先して社会的評価を得ることよりも、ワーク・ライフ・バランス（仕事と生活の調和）や育児関与を求めつつ、本音では出世し、一家の稼ぎ手として、それぞれ権威を保持することを望むケースが少なくない。社会の意識としても、潜在化しないレベルで、「男らしさ」を具現化できていない男性に対し、性規範から逸脱した〝落伍者〟の烙印《らくいん》を押している面がいまだに根強い。

このように、男性間の支配構造に注目すると、社会の裏表、本音と建て前が、より鮮明に浮かび上がってくる。つまり、「男らしさ」という覇権的男性性へのこだわりを、性規範を実現できない男性も、女性も、社会をもが、実際には捨てることができない。

だから、表向き目指しているジェンダー平等に逆行し、いまだ旧来の男性による女性の支配が、暗黙の了解のもと許容されているともいえるのである。

“逸脱者”のラベリングと社会統制

覇権的男性性を保持する男性たちは、「男らしさ」規範を具現化できていない従属的な男たちを貶《おとし》め、脇へ追いやることによって己の優越性を誇示してきた。つまり、「従属的男性性」保持者は、「被抑圧性」に苦しめられているのである。

こうした男性による男性支配のメカニズムについて、逸脱研究から生まれたラベリング理論をもとに考えてみたい。

米国の社会学者、ハワード・S・ベッカーは*Outsiders: Studies in the Sociology of Deviance*の中で、「社会集団はこれに違反すれば逸脱となるような規則を作り、それを特定の人々に適用し、彼らにアウトサイダーのラベルを貼ることによって、逸脱を生み出す」というラベリング理論を唱えた（Becker 1963: 9［筆者訳］）。

それまでの逸脱行動に関する研究では逸脱したとみなされる当事者を孤立した存在と

捉え、彼らの動機などの内面（行為の内在的性格）を解明しようとしたのに対し、ベッカーは逸脱を告発された人たちと、告発を行う人たち・社会との相互作用に焦点を合わせたのが特徴だ。そうして、他者・社会から〝逸脱者〟のレッテルを貼られるだけでなく、その反応・反作用として、当事者自身が自己を規範から逸脱した〝落伍者〟とみなす、逸脱的アイデンティティーが形成されるという。

このようなメカニズムは権力のある少数派が、社会の多数派をコントロールするのに有効である。日本では社会・経済構造の変化や過剰な女性優遇によって「男らしさ」を実現できず、苦悩を深める男性が増加していることを先に述べたが、筆者はそうした男性がいまや多数派になっていると捉えている。すなわち、少数派が多数派を支配するための社会統制の手段として「男らしさ」という古くからある性規範を維持し、敢えて「アウトサイダー」を作り出しているともいえる。

4　なぜ母親に回帰するのか

男性の性自認形成に重要な役目

男性たちの母親に対する思いや、母親と息子の関係性は、単なる「マザコン」などの言葉・概念では言い表せないほど複雑であり、深刻な問題を引き起こしかねないリスクを包含していることを取材・調査を通して強く感じてきた。

母親は息子を産み、育て、幼少期に男としてのアイデンティティー形成、つまり自身が男性であると自覚する性自認のプロセスにおいて、重要な役目を果たしている。男性の性自認の不安定さ、困難さについては、フロイトの心理発達理論の修正を試みた対象関係理論などによって古くから論じられてきた。男性は男であることをさまざまな場面で言動によって示す必要があるが、その要請は性自認が形成される途上である幼少期の男子に強く働く。「男らしさ」の性規範を植え付けるプロセスでもあり、そこでは母親の力が大きく作用する。

母親が息子に捧げる愛情はかけがえのないものではあるが、過剰な愛は往々にして息子の人生に負の影響を与えることがある。フランスの哲学者、エリザベート・バダンテール（邦訳『XY——男とは何か』1997）は、母性愛は男子にとって「脅威になることがある」（55頁）といい、「母親が息子に重くのしかかればのしかかるほど、息子はますます女性を恐れ、避け、抑圧する。『去勢する』母親が、女性差別主義の息子を生み出している」（84頁）と指摘する。この論考に従えば、男性が女性を抑圧する責任は、同じ女性である母親にあることになる。

共依存という「自己喪失の病」

これほどまでの影響力を保持する母親からの独立をいったんは試みながらも、中年期になるとまた、母親のもとに回帰する男性は少なくない。第3章では、母親との共依存の関係に陥り、苦悩する男性の事例を紹介した。

改めて共依存とは、相手に過剰に依存し、相手との関係性において自分の価値を見出そうとする状態を指す。もとはアルコール依存症患者を世話・介護する家族に対して用いられた言葉・概念だった。筆者は長年の取材・調査から、共依存の概念が、幅広く日常生活における家族などの人間関係において起こり、広がっている状態であると捉え、本書でもこの独自の概念で共依存という言葉を用いている。ただ、基本的な関係性、支配の構図は変わらない。

共依存は「自己喪失の病」※6とも呼ばれる。事例にもあったように、職場や家庭で自己の存在価値を見失い、承認欲求を満たしてくれる存在を求めて、母親へと回帰するケースは意外にも多い。と同時に、母親からの要請に応えて母親に愛情を与えているつもりが、実は依存しすぎてしまうため、さらに自分を見失ってしまうともいえる。

母親の言う通りに行動して「良い息子」であり続けることで、満足感を抱くことができても、それは母親からの支配にほかならない。一方、母親の側も、息子の存在価値を認めて頼り、愛情を注ぎ、息子をコントロールすることで、自己満足してしまう。親子の間で、本来、対極にあるはずの愛情と支配が複雑に絡み合う深刻な問題なのだ。

こうした問題を乗り越えていくためには、アイデンティティーをどう捉え、自己とどのように向き合っていくかが重要である。そのためのヒントについては後ほど述べたい。

5　世代を超えた負の連鎖

価値観の板挟みと同調圧力

親世代の画一的で権威主義的な「男社会」の価値観を押しつけられ、多様性受容が求められる現代社会では時代遅れであると認識しながらも、会社という組織で生きていくために上の世代に抗うことのできない、若い世代の男性たちの苦悩も深刻だ。すなわち、世代を超えた負の連鎖に陥っているのである。

彼らは親世代、職場では上司世代が拠り所とする古い「男らしさ」の性規範と、真のジェンダー平等実現に向け、旧態依然とした価値観や組織を変えなければならないという新たな価値観との板挟みになり、もがいている。

第4章では、就活で思いもよらないセクシズムに遭って困惑する学生をはじめ、理想と現実のギャップに悩みながら、知らぬ間に自らがセクハラの加害者に転じてしまったり、両親の性別役割分業意識を反面教師にしていたはずが、自らの結婚相手選びには親の価値観に左右されていたりする若い世代の男性の事例を紹介した。

親世代の価値観に支配され、負の連鎖が生じているというのは、それだけ中高年層の古い考え方が若年層に強い影響を与えているということだ。そして、若い世代が親世代と大きく異なるのは、ジェンダー問題を「自分事《ごと》」として捉えてこのままではいけないと考えるがゆえに、思い煩っている点である。

ただ、古い価値観に抗いたいという気持ちがありながらも、それができない。その背景に、共同体主義が根強い旧来の「男社会」の同調圧力があるといえるだろう。組織論が専門の太田肇は、同調圧力の3要因として閉鎖性、同質性、未分化を挙げる。閉鎖的で同質的な組織や集団は共同体になりやすく、さらに個人が未分化、すなわち個人が組織や集団の中に溶け込んでしまっていると同調圧力を受けやすいという(『同調圧力の正体』2021)。

言い換えれば、若い世代は同調圧力に嫌悪感を抱きながらも、企業など組織を生き抜いていくために、溶け込まざるを得ないともいえるだろう。同調圧力への抵抗感が強い若年層ほど、新旧の価値観の板挟みで苦悩する度合いも大きいのだ。

古い価値観の押しつけは「自己防衛」

古い価値観をめぐる負の連鎖の要因を、親／上司世代側から考えてみたい。重要なのが、中高年層に根強い、性規範や性別役割に関するアンコンシャス・バイアスである。アンコンシャス・バイアスは自身の価値観や行動規範に基いて物事の是非や成否を決めつけたり、理想を押しつけたりする無意識の思い込み、偏見を指す。心理学や脳科学の知見をもとに2000年頃から用いられるようになった概念だが、近年は人材育成やジェンダー平等の実現を阻害する要素として、国際的にも問題視されるようになっている。

こうした旧態依然とした価値観を頑なに抱き、部下やわが子の新しい考え方や文化・習慣を理解して、受け入れようとしないのは、自己防衛の表れでもある。つまり、自分と異なる価値観を受容することは、自らの信念やそれまでの人生をも否定することにつ

図8　性別役割に関する考え

男性	(%)
1 女性には女性らしい感性があるものだ	51.6
2 男性は仕事をして家計を支えるべきだ	50.3
3 デートや食事のお金は男性が負担すべきだ	37.3
4 女性は感情的になりやすい	35.6
5 育児期間中の女性は重要な仕事を担当すべきではない	31.8

女性	(%)
1 女性には女性らしい感性があるものだ	47.7
2 男性は仕事をして家計を支えるべきだ	47.1
3 女性は感情的になりやすい	36.6
4 育児期間中の女性は重要な仕事を担当すべきでない	30.7
5 共働きでも男性は家庭よりも仕事を優先すべきだ	23.8

※「そう思う」「どちらかといえばそう思う」の合計

出典 :2021年度「性別による無意識の思い込み（アンコンシャス・バイアス）に関する調査研究」（内閣府）

ながりかねないからだ。

内閣府の2021年度「性別による無意識の思い込み（アンコンシャス・バイアス）に関する調査研究」（全国の20〜60歳代男女計1万330人対象）では、性別役割に関する考えについて、「そう思う」と「どちらかといえばそう思う」を合わせた回答が多かった上位2項目は、「女性には女性らしい感性があるものだ」（男性51・6％、女性47・7％）と「男性は仕事をして家計を支えるべきだ」（男性50・3％、女性47・1％）で、男女ともに5割前後の高い割合を占めた（**図8**）。性別役割について肯定的な回答は、全体的に男性のほうが女性よりも高い割合となり、男性の中でも特に50〜60歳代に顕著だった。

もちろん、性規範を押しつけられているのは男性だけではない。一例を挙げると、職場でのハイヒール、パンプスの着用義務付けに抗議した「#ＫｕＴｏｏ」運動は、女性が「女らしさ」を強いられていることを露呈した出来事だった。

だが、男性には女性よりもさらに厳しい性規範が課せられている。例えば、女性がバイクを乗りこなすなど男性的要素を持つことは容認されても、男性がぬいぐるみを集めるなど女性的要素を持つことは白い目で見られるといった、性規範からの逸脱の許容度が男女で非対称なのだ。この非対称性の背景については、先に述べたように、対象関係理論の視座などからも分析されてきたが、男性が長い間、特権を保持してきたことの代償と捉えることもできるだろう。

6　生きづらさが職場に与える悪影響

職場を蝕む「無自覚ハラスメント」

本章冒頭で、生きづらさは社会構造を問うべき問題であると述べたが、男性が生きづらさを抱えていることは個々人の苦悩にとどまらず、職場などへの弊害として社会へも跳ね返ってきている。ここでは日本社会の中枢を担い、日本型の古い価値観を堅持する中年男性に象徴される構造的な問題が、職場や企業活動に及ぼす2つの悪影響について取り上げたい。

まず、生きづらさを抱えた中年男性が職場で引き起こす問題のひとつが、部下や同僚へのハラスメント行為である。多くが無自覚のうちに、パワハラやセクハラをはじめ、パタハラやマタハラ、モラハラに及び、職場を蝕《むしば》んでいる。背後には、先に述べたアンコンシャス・バイアスが根深く潜んでいる。

インタビュー調査では「部下のためを思った助言だった」「過去に自分が上司から受けた指導を受け継いだだけ」などの発言が目立ち、事実認定され、懲戒処分を受けた後でも、それがハラスメント行為であったと自認できない男性も多かった。

同質的で排他主義的な組織で成り立っていた「男社会」を観念的に支えたのが、「男らしさ」の性規範である。多様性の受容やジェンダー平等を世界が希求する時代において、男社会はもはや機能不全に陥っている。にもかかわらず、共同体主義というイデオロギーと古い価値観を固持する土壌にハラスメントは起きやすい。

生産性を低下させるプレゼンティーイズム

中年男性の生きづらさのもうひとつの負の影響が、プレゼンティーイズム問題である。プレゼンティーイズムとは、心身の不調を抱えて働き、職務遂行能力が低下している状態を指す。生産性低下を招き、企業活動ばかりか、日本経済全体においても深刻な問題だ。

職場のパワーゲームに敗れるなど、「男らしさ」規範を実現できないつらさからストレス過多となり、心身に不調をきたす。それでも弱音を吐かず、働き続けなければならないという、これも性規範に沿った考えから、身体的にも、精神的にも負荷を伴った労働を続けることにより、職務遂行能力が著しく低下するという悪循環に陥っているのである。

公衆衛生学・産業保健が専門の武藤孝司は2020年に発表した論文「プレゼンティーイズム」(『産業医学レビュー』誌掲載)で、疾患の種類にかかわらず、欠勤よりもプレゼンティーイズムのほうが生産性損失が大きい、という米国の研究結果を紹介している。

7 「男」の呪いを解くには

周りの評価に惑わされず、自己承認を

生きづらさを軽減するには、まず男性自身が「男らしさ」の呪縛から抜け出す必要がある。そのためには、「男」として高く評価されたいという承認欲求の基準を下げること。

そして、周りの評価に惑わされず、自分のものさしで自己評価していくことが重要だ。

承認欲求は、職場や家庭、広く社会など幅広い場面で個人間や集団内で湧き起こるものだが、承認欲求が満たされるかどうかは、アイデンティティーや自己肯定感にも直結し、日々働き、生きていくうえで重要な要素である。

米国の心理学者、アブラハム・マズローは、人間の欲求は、生理的欲求、安全の欲求、社会的欲求、承認欲求、自己実現欲求――という5段階のピラミッドのように構成され、低層階の欲求が満たされると、次に高い階層の欲求が現れるという（邦訳『人間性の心理学』1987）。すなわち、最も高い次元の欲求である自己実現の前提条件として、承認欲求が満たされる必要があるというわけだ。

だが、承認欲求の基準を高く設け、相手からの評価を期待し過ぎると、それが満たされない場合に自己否定に陥る危険性がある。本書の事例でも、家庭では妻より優位に立って家族に評価されたい、仕事では出世競争に勝って社会的に認められたいといった、今の時代ではなかなか難しい承認を求めていたケースが多かった。

自身に高すぎるハードルを設けることも、相手に過剰に期待することも、結局は自分で自分を窮地に追い込むことになってしまうのだ。承認欲求を抑えて、相手に多くを期待しないことで、自己効力感を高めやすくなる。ありのままの自分を受け入れ、自己承認することが、「男らしさ」の呪いを解くことにつながるのではないだろうか。

アイデンティティーの複数性の受容

アイデンティティーも、「男らしさ」規範と密接に関係している。アイデンティティー(自己同一性)には「一貫した」「統一された」という意味が込められている。「男らしさ」自体、性アイデンティティーを確認するための規範で、画一的で統一されたものだ。

本書で紹介した男性たちの大半が、「男らしさ」という一貫したアイデンティティーの不完全さや喪失に思い煩っていた。「自分を見失った」「自分が何なのかわからなくなった」といった語りが多く見られたのは、男たちが自己の一貫性に囚われているからだといえる。

このような性規範を順守する自己の一貫性に固執するのではなく、例えば強い自分もいれば、弱い自分もいていい。問題を一人で解決する自分もいれば、自力での解決が難しい場合は誰かに相談したっていい。つまり、「男」としてのアイデンティティーの複数性を受容し、多元的な自分を認めることが重要である。このような観点から性規範との向き合い方を考えると、一貫した「男らしさ」を具現化できていなくてもよいのだ。と同時に、「男らしさ」の要素を完全に捨ててしまう必要もない。

英国のアーティスト、グレイソン・ペリー（邦訳『男らしさの終焉』2019）は、「男性性の犠牲者の半分が男性」にもかかわらず、男性自身が危機的状況にある男性性を問題視しないことを批判し、男たちは「男らしさ」に疑問を持つべきであると指摘した。さらに、男性には「傷ついていい権利」「弱くなる権利」「間違える権利」「直感で動く権利」「わからないと言える権利」「気まぐれでいい権利」「柔軟でいる権利」「これらを恥ずかしがらない権利」などがあると訴えた（197頁）。

ペリーの主張はもっともだが、彼が指摘した権利を行使するのは、日本男性、特に中高年期の男性たちには難しいだろう。なぜなら、これまで述べてきたように、彼らの多くが実現が難しいにもかかわらず、「男らしさ」を志向するとともに、女性も社会も、顕在化しないレベルで性規範の実現を男性たちに要請しているからである。

「自分らしく」生きることの困難

男性自身が「男らしさ」の呪縛から抜け出し、ありのままの自分を受け入れられるようになるまでのプロセスは、しかしながら、容易ではない。そもそも「自分らしく」生きることは難しく、アイデンティティーを求めて「男らしさ」規範に頼ってしまう面があるためだ。

現代社会を「流動化（液状化）」という現象と関連づけて分析しているポーランド出身の社会理論家、ジークムント・バウマンは、社会の変容について、グローバル化が進展するまでの「固形的な社会」では、ある伝統が解体されれば、新たな伝統がそれに取って代わったが、現代の「流動化する社会」では、新たな伝統が構築されることはなく、伝統の解体だけが進行していると指摘した（邦訳『リキッド・モダニティ』2001）。

旧来の同質的で排他主義的な男性優位社会は、多様性受容の重要性が叫ばれる現代社会においてはもはや相容れない。にもかかわらず、それを水面下で無理にでも維持しようとする社会的な圧力に屈し、男たちは自分なりの新たな男性像を見つけられないまま、

「男らしさ」と「自分らしさ」の狭間でさまよっているのではないだろうか。

8　男性のためのジェンダー平等政策

欧米で進む男性政策

当事者である男性だけの力では、「男らしさ」の呪いを解くことは難しい。そこで重要になるのが、社会政策としてどう苦悩する男たちを支援していくかという点である。日本が欧米から大きく立ち遅れている、男性を対象としたジェンダー平等政策の必要性を筆者は強く訴えたい。

国際社会では2000年代後半から、国際NGOと国連関連機関が協働し、男性をジェンダー平等政策の対象で、担い手とするためのキャンペーンが展開されてきた。

14年には、国連ウィメン（UN Women）親善大使を務める女優のエマ・ワトソンが国連本部で開催されたHeForShe[※7]キャンペーン発表会でスピーチを行い、新たな時代におけるジェンダー平等のあり方についてこう訴えた。

「女性問題は、みんなの問題でもある」「男性も、平等の恩恵を受けているわけではない」「男性も『男はこうあるべきだ』というジェンダー・ステレオタイプに苦しんでいる」――。

欧州連合（EU）は近年、新たな男性のあり方を示す政策的概念として、「ケアリング・マスキュリニティー（ケアする男性性）」を提唱し、男性に子育てなど家庭でのケア役割への従事を促している。EUの男性政策とジェンダー平等推進のための基本理念は、13年に公表された報告書の結論部分に端的に表現されている。

「男性はジェンダー平等を必要とし、ジェンダー平等は男性を必要とする。（略）男女双方の深い関与がなければ、完全なるジェンダー平等は実現しない」（European Commission 2013: 150［筆者訳］）。

旧来、ケア役割のほとんどを女性が担ってきたが、そのことが女性の有償労働への従事を妨げ、働いてもパートタイムなどの非正規雇用で低賃金にとどめてきた。男性がケア役割を女性と分かち合うことが女性の経済的自立、地位向上を促すと同時に、男性自身の健康とディーセント・ワーク※8（働きがいのある人間らしい仕事）の実現にもつながるのだ。

社会政策を浸透させ、実効性を高めていくためには、市民レベルの意識高揚も欠かせない。欧米では、男性をジェンダー問題の当事者と捉え、男性に対する差別を撤廃し、男女平等を目指す思想・運動であるマスキュリズムが浸透しているが、日本では普及しておらず、男性が声を上げる場所がほとんどない状態だ。日本でも１９９０年代にメンズリブ（男性解放思想・運動）が起こったが、大きなムーブメントには至らなかった。

職場で横行する「パタハラ」防止強化を

日本において、男性のケア役割への従事を推進するためには、まず男性に私生活の犠牲を強い、育児・介護などへの関与を妨げている、長時間労働の是正と、育児・介護休業を取得しやすい職場環境の整備が不可欠だ。長時間に及ぶ過重労働が、女性よりも多い、男性の過労死や自殺につながっている事実を深刻に受け止め、実効性のある働き改革を進めていかなければならない。

男性政策としてまず求めたいのが、パタハラ（パタニティハラスメント）防止対策の強化である。パタハラは男性の子育てに関する制度利用の妨害や嫌がらせを指す。

政府は23年6月、25年度を目標に「産後パパ育休」の給付金を現在の「休業前の賃金の67％」から「8割程度」に引き上げる方針を決定した。育休中は社会保険料の支払いが免除されるため、実質的に賃金を100％補えるようになる。男性が育休を取得しやすい環境整備が進む一方で、労働の現場では男性の育児関与を阻む、卑劣なハラスメントが横行している。可視化されにくいこの実態を決して看過することなく、食い止めなければならない。

第2章でも紹介した、厚生労働省の「男性の育児休業等ハラスメント」に関する調査（2020年度「職場のハラスメントに関する実態調査」内。過去5年間に勤務先で育児に関わる制度を利用しようとした男性労働者500人対象）によると、4人に1人（26・2％）が育休等に関するハラスメントを受けたと答えた。ハラスメントの内容は、「上司による、制度等の利用の請求や制度等の利用を阻害する言動」が53・4％で最も多く、次いで「同僚による、繰り返しまたは継続的に制度等の利用の請求や制度等の利用を阻害する言動」（33・6％）、「繰り返しまたは継続的な嫌がらせ等（嫌がらせ的な言動、業務に従事させない、もっぱら雑務に従事させる）」（26・7％）と続いた。

そして第2章の事例でも紹介したように、近年取材、調査するなかでますます増加し、その深刻さを痛感しているのが、育休取得から職場復帰して一定期間、本人のそれまでの経験やスキルを生かしにくい業務を担当させるなどして人事考課（査定）を落としてから、その考課結果を理由に本人にとって不本意な異動、子会社への出向・転籍などの処遇、つまり左遷するケースである。

女性へのマタハラ（マタニティハラスメント）同様、パタハラは17年から事業主に防止措置が義務付けられているものの、マタハラと比べて可視化されにくく、企業の取り組みは不十分だ。育休取得を契機としている、つまり処遇との間に因果関係があれば、違法な不利益取扱いにあたるが、育休取得から異動までの間に一定の期間を置くことで、法の網をかいくぐっている可能性がある。巧妙に仕組まれた非常に悪質なパタハラだ。国は事業主に対して監督、指導を強化すべきである。

公的機関の「男性相談」拡充の重要性

次に、男性のためのジェンダー平等政策として重要なのが、自治体の男女共同参画センターなどによる「男性相談」事業の展開だ。

男性が仕事や家庭、心の問題などの悩みを打ち明けることは、他人に弱みを見せてはならないという「男らしさ」の呪縛から抜け出す第一歩でもある。こうした男性を対象とした相談事業を公的な機関が実施していることそれ自体が男性たちに、自分も誰かに苦しみを明かし、相談してもいいのだということを気づかせるきっかけにもなるだろう。

日本でも2000年代初めから公的機関による総合的な男性相談が始まり、筆者も開始当初から全国を回って取材、調査を続けてきた。内閣府男女共同参画局の調べによると、22年3月時点で、自治体が開設している男性相談事業は、37都府県に計79カ所ある。月1回から週5回のところまであり、平均すると週に1回程度。電話相談が多いが、中には面接相談も合わせて実施しているところもある。

各実施機関によってどのような内容の相談が多いかには違いがあり、また社会情勢の変化などによって時期でも変動するが、全体的に見て、夫婦関係や職場・仕事上の人間関係、セクシャリティに関する悩みのほか、DVに関する相談もある。第1章でも述べたように、DVに関する男性からの相談では近年、被害を訴えるケースが増えている。DVなど特定の問題で緊急を要する事案など、総合的な男性相談の範疇《はんちゅう》を超えるものについては、都道府県などが設ける配偶者暴力相談支援センターや自殺予防、メンタルヘルス相談など、ほかの専門的な公的機関を紹介するのが通例で、こうした支援センターや相談機関との連携が不可欠であるのは言うまでもない。

ただ、臨床心理士などの有資格者、または公的機関や医療機関でのカウンセリング経験者で、ジェンダーや男性をめぐる問題に敏感な視点を持った男性の相談員が対応している先進事例はまだ少なく、男性相談を実施していても、相談員が不足していて、ニーズに十分に応えられないケースもある。女性を対象とした「女性相談」が全国に広がっているのに対し、男性相談はいまだ浸透するには至っておらず、課題が山積しているのが実情だ。

ジェンダーや男性性、「男らしさ」の性規範など、当事者が抱える悩みの背後にある問題について一定の知見を備え、研修を積んだ相談員の人材育成が早急に求められる。女性相談事業の実績やノウハウを男性相談にも生かしつつ、双方の相談員同士の交流、研鑽《けんさん》も欠かせない。

誰一人取り残さない社会を皆さんの手で

家事、育児など家庭でのケア役割負担の大きさや、経済的自立の困難といった女性問題は、男性との関係性のもとで起きている。男性が「男らしさ」の呪縛から解放され、生きづらさが軽減されれば、女性も働きやすく、生きやすくなる。女性が抑圧された状況から完全に解放されるためにも、男性が変わらなければならないのだ。

伝統的な「男らしさ」の要素すべてを捨て去る必要はない。先述のバウマンが指摘する、伝統が解体されたまま、流動化している社会では、自分なりの男性像を見つけるのは困難を極めるだろう。だが、自身と向き合い、己を見つめ直すなかで、少しずつでも、性規範からの逸脱に対する周囲からの非難の眼差しを退け、世間の目に惑わされずに自己効力感を高めていくことはできるのではないだろうか。

そして女性も、社会も、本音の部分で古くからの「男らしさ」を男たちに求めるのではなく、男たちが見出し始めた、新たな、変化した、男性のありようを受容していく。そんな多様性と包摂性のある社会の一日も早い実現が望まれる。

本書では、「支配される」側の男性の生きづらさに焦点を当て、多角的な視点でジェンダー問題を考えるべく試みた。

紹介した事例は、シスジェンダー（性自認と生まれた時に割り当てられた性別が一致する人）で、ヘテロセクシュアル（異性への性的指向を持つ人）の男性だけを取り上げ、男女二元論に終始した点に課題は残る。だが、まず男性間支配構造も含めた男と女の力学、構造を変革しない限り、ＳＯＧＩ※9（性的指向と性自認）の多様性を受容する社会への道のりはほど遠いと筆者は考える。

誰一人取り残さず、平等に人権が尊重され、能力を発揮できる社会を実現するのは、男女、多様な性を生きる人々をはじめ、年齢や職業、地域、障害・疾病の有無、国籍の違いなどにかかわらず、皆さん自身なのである。

そして筆者は、これからも男たちの声にならない慟哭《どうこく》を精一杯受け止め、その苦しみにどこまでも寄り添っていきたい。

《注》

※1　男女間の賃金格差や女性の非正規雇用の多さの背景には、職場の両立支援が不十分であることや、夫が育児、家事など家庭でのケア役割への関与が難しいといった課題がある。不本意に非正規で働いて賃金が低いケースだけでなく、女性自らが低待遇の非正規職を選んでいるケースがあることも加味し、格差問題を考える必要があると筆者は考える。

※2　世界経済フォーラムが、経済、政治、教育、健康の4分野で指標（男性を「1」とした場合、女性はどのぐらいの数値かを示す）で算出し、2006年から公表。22年7月公表の数値では、日本は総合116位（0・65）だった。

※3「健康の不平等」については、すべてのOECD加盟国で、男性は自殺、急性アルコール中毒死、薬物乱用死が女性よりも多く、日本だけの傾向ではない。

※4　幸福度を測る「ネガティブな感情バランス」の指標は、調査日前日の感情状態について、

ポジティブな感情（楽しさ、笑い、安らぎなど）よりも、ネガティブな感情（怒り、悲しみ、心配など）を多く感じた人の割合を示す。ギャラップ世論調査の結果からＯＥＣＤが算出。２０１０〜18年のプールされたデータ。

※5　女性への性転換者でシドニー大学教授、専門はジェンダー論。*Masculinities* 発表時は男性名のロバート・ウィリアム・コンネルだった。

※6　共依存の臨床・研究で知られる米国の精神科医、チャールズ・Ｌ・ウィットフィールドが、１９９１年に発表した自身の論文で使用した概念とされる（緒方１９９６、信田２０１２から）。

※7　国連ウィメン（UN Women）主導で２０１４年にスタートした、ジェンダー平等達成に向け、世界中の男性に変革の主体となるべく、コミットメントを求めるキャンペーン。

※8　Decent Work.　１９９９年、国際労働機関（ＩＬＯ）総会で21世紀の主要な活動目標として掲げられた概念。ＩＬＯはディーセント・ワーク実現のための労働条件として、労働時間や賃金、休日の日数、労働の内容などが人間の尊厳を守り、健康を維持できるものであることなどを求めている。

※9　Sexual Orientation and Gender Identity の頭文字を取ったアクロニム（頭字語）。ソジ、

またはソギと読む。近年、性の多様性受容に関わる文脈で、LGBT、異性愛の人などにかかわらず、すべての人が持っている属性の意で使用される機会が増えている。

おわりに

「今は男性のほうが損をしていると思うんですが、どうしてですか？」

「就活を始めてから、男であることがしんどくなってきました」――。

大学で担当する授業や、毎年恒例の学内イベント「ＳＤＧｓウイーク」の講演の終了後などに、男性の学生さんから意見や質問を受けることが特に最近、増加しています。時々研究室を訪ねてきてくれる卒業生の男性に至っては、上司の古い価値観に疑問を抱きながらも従わざるを得ない葛藤を明かしてくれるケースも少なくありません。

こうした世代を超えた負の連鎖を、今こそ断ち切らねばならない。筆を擱《お》くにあたり、強く訴えたいことです。

20数年前から男性の生きづらさをテーマに取材・調査を続けてきました。長い間、社会問題として認識されてこなかったテーマであり、自分の苦しさを他人に打ち明けにくい男性の方々の悲痛な心の叫びをしっかりと丁寧に受け止め、彼らの代弁者として生きづらさの根源である社会の矛盾や問題点を世に問うていきたいと考えたからです。

近年は幸いにも、若手の男性の研究者やジャーナリストの中に、同様のテーマに取り組む方々が少しずつ増えてきました。私事で恐縮ですが、50歳代後半に差し掛かり、自身の健康面や、たった一人の家族である母親の在宅介護、今後も執筆を続けられるのかどうかという不安など、公私ともにさまざまな壁が立ちはだかるなか、そろそろ潮時かなと考えることも幾度となくありました。

しかしながら、そんな弱気を何とか克服し、改めて己を奮い立たせてくれたのは、抱える問題がますます深刻化するなかで、私に思いを託してくださった、かけがえのない取材協力者の皆さんでした。懊悩《おうのう》しながらも必死に前を向いて立ち上がろうとする姿に、どれだけ励まされ、勇気をいただいたかわかりません。本当にありがとうございました。

男性の皆さん自身が明日に向かい、誰にも惑わされず、己が幸せと感じることのできる人生を歩んでいって下さることを心から願っています。

お忙しいなか、ご覧になってくださった読者の皆さんにも感謝の気持ちでいっぱいです。すれ違う時の中で、本書を介して皆さんとつながることができてとても幸せです。

最後になりましたが、朝日新聞出版書籍編集部の大坂温子さん、宇都宮健太朗部長には大変お世話になりました。また、教育、研究、社会貢献に携わる任務を与えていただいている近畿大学教職員、並びに協働する自治体等関係者の皆さんに謝意を表します。そして、常に刺激と発見を与えてくれる学生の皆さん、コロナ禍での経験を糧に、一緒に頑張っていきましょう。

2023年5月　奥田祥子

参考文献

伊藤公雄・多賀太・大東貢生・大山治彦（2022）、『男性危機（メンズクライシス）？――国際社会の男性政策に学ぶ』晃洋書房

太田肇（2021）、『同調圧力の正体』PHP新書

緒方明（1996）、『アダルトチルドレンと共依存』誠信書房

国際連合広報センター（2014）「エマ・ワトソンUN Women 親善大使　国連でのスピーチ」https://www.unic.or.jp/texts_audiovisual/audio_visual/learn_videos/gender/

笹川平和財団（2019）、『新しい男性の役割に関する調査報告書』

信田さよ子（2012）、『共依存―苦しいけれど、離れられない』朝日文庫

武藤孝司（2020）、「プレゼンティーイズム――これまでの研究と今後の課題」『産業医学レビュー』第33巻第1号、25～57頁、産業医学振興財団

山田昌弘（2016）、『モテる構造―男と女の社会学』ちくま新書

Badinter, Elisabeth, (1992), *XY, De l'identité masculine*, Paris: O.Jacob.（=1997、『XY――男とは何か』上村くにこ・饗庭千代子訳、筑摩書房）

Bauman, Zygmunt (2000), *Liquid Modernity*, Polity Press.（＝２００１、『リキッド・モダニティ――液状化する社会』森田典正訳、大月書店）

Becker, Howard S. (1963), *Outsiders: Studies in the Sociology of Deviance*,New York: Free Press.

Connell, R. W. (1988), *Gender and Power*, Stanford : Stanford University Press.

Connell, R. W. (1995), *Masculinities*, Berkeley: University of California Press.

European Commission—Directorate-General for Justice (2013), *The Role of Men in Gender Equality —European Strategies & Insights: Study on the Role of Men in Gender Equality*, Luxembourg: Publications Office of the European Union.

Maslow, Abraham H. (1970), *Motivation and Personality*, 2nd ed., Harper & Row.（＝１９８７、『改訂新版 人間性の心理学』小口忠彦訳、産業能率大学出版部）

OECD, *How's Life? 2020: Measuring Well-being*, Paris: OECD Publishing.（＝２０２１、『ＯＥＣＤ幸福度白書５ より良い暮らし指標：生活向上と社会進歩の国際比較』西村美由起訳、明石書店）

Perry, Grayson (2016), *The Descent of Man*, London: Allen Lane.（＝２０１９、『男らしさの終焉』小磯洋光訳、フィルムアート社）

奥田祥子　おくだ・しょうこ
京都市生まれ。近畿大学教授、ジャーナリスト。博士（政策・メディア）。元読売新聞記者。慶應義塾大学大学院政策・メディア研究科博士課程単位取得退学。専門は労働・福祉政策、ジェンダー論、医療社会学。2000年代初頭から社会問題として俎上に載りにくい男性の生きづらさを追い、「仮面イクメン」「社会的うつ」「無自覚パワハラ」など斬新な切り口で社会病理に迫る。取材対象者一人ひとりへの20数年に及ぶ継続的インタビューを行っている。主な著書に『男性漂流』（講談社）、『「女性活躍」に翻弄される人びと』（光文社）、『社会的うつ』（晃洋書房）、『男が心配』（PHP研究所）などがある。

朝日新書
916

シン・男《おとこ》がつらいよ
右肩下がりの時代の男性受難

2023年7月30日第1刷発行

著　者　奥田祥子

発行者　宇都宮健太朗
カバーデザイン　アンスガー・フォルマー　田嶋佳子
印刷所　凸版印刷株式会社
発行所　朝日新聞出版
〒104-8011　東京都中央区築地5-3-2
電話　03-5541-8832（編集）
　　　03-5540-7793（販売）

Published in Japan by Asahi Shimbun Publications Inc.
ISBN 978-4-02-295220-2
定価はカバーに表示してあります。

学校がウソくさい
新時代の教育改造ルール
藤原和博

学校は社会の縮図。その現場がいつの時代にもましてウソくさくなっている。特に公立の義務教育の場が著しい。社会からの十重二十重のプレッシャーで虚像になってしまった学校の実態に、「原点回帰」の処方を示す。教育改革実践家の著者によるリアルな提言書！

人口亡国
移民で生まれ変わるニッポン
毛受敏浩

〝移民政策〟を避けてきた日本を人口減少の大津波が襲っている。GDP世界3位も30年後には8位という並の国に。まだ日本に魅力が残っている今、外国人から移民先として選ばれる政策をはっきりと打ち出し、この国を支える人たちを迎え入れてこそ将来像が描ける。

マッチング・アプリ症候群
婚活沼に棲む人々
速水由紀子

婚活アプリで1年半に200人とマッチングしてみたところ、「富豪イケオジ」「筋モテ」「超年下」「写真詐欺」「ヤリモク」……〝婚活沼〟の底には驚くべき生態が広がっていた！　合理的なツールか、やはり危険な出会い系なのか。「2人で退会」の夢を叶えるための処方箋とは。

問題はロシアより、むしろアメリカだ
第三次世界大戦に突入した世界
エマニュエル・トッド
池上　彰

世界の頭脳であるフランス人人口学者のエマニュエル・トッド氏と、ジャーナリストの池上彰氏が、ウクライナ戦争後の世界を読み解く。覇権国家として君臨してきたアメリカの力が弱まり、多極化、多様化する世界が訪れる——。全3日にわたる白熱対談！